파이썬으로 시작하는
프로그래밍 기초

유쾌한 코딩

본 저서는 교육부 및 한국연구재단의 대학혁신지원사업의

연구결과로 수행되었음

유쾌한 코딩

파이썬으로 시작하는 프로그래밍 기초

하일규 · 경일대학교 교육과정혁신센터 공저

INFINITYBOOKS
인피니티북스

4차 산업혁명의 도래와 함께 소프트웨어(software)의 중요성은 더욱 커져가고 있다. 4차 산업혁명은 몇 가지 핵심적인 기술이 변화를 이끌고 있다고 할 수 있다. 그 핵심적인 기술은 바로 BIMAC(Big Data, IoT, Mobile, AI, Cloud) 또는 AIICBMAI, IoT, Cloud, Big Data, Mobile)이다. 이러한 다섯 가지 핵심기술의 공통점은 무엇인가? 바로 소프트웨어와 연관된다는 것이다. 따라서 소프트웨어를 작성하는 코딩(coding) 기술은 현시대에 매우 중요하다고 할 수 있다. 5G와 같은 새로운 기술이 급속히 나타나고 있다. 우리가 맞이하게 될 새로운 혁명의 시대는 어떠한 기술이 변화의 중심이 될 것인가? 어떤 기술이든 소프트웨어와 연관될 것임을 예측할 수 있다.

이 책은 전공에 상관없이 코딩을 처음 접하는 대학교 신입생을 위하여 만들어졌다. 소프트웨어와 코딩에 대한 사전 지식이 없다 하더라도 재미있게 코딩과 관련된 지식을 쌓을 수 있도록 교재를 구성하였다. 교재는 최근 대학의 신입생 프로그래밍(programming) 교육과정들의 핵심 내용을 선별하여 파이썬(Python) 언어에 맞게 구성하였다. 또한 교재는 대학의 학사일정에 맞추어 모두 15개의 장으로 구성하였고, 8장과 15장은 중간시험과 기말시험에 맞추어 전반부와 후반부의 학습내용을 키워드로 요약하고 평가 문항을 예로 제시하였다. 14장은 학습자의 전공분야에 대한 응용력을 향상하도록 프로젝트 진행 방법을 내용으로 담았다.

전체적인 교재의 구성을 살펴보면, 전반부인 1장부터 7장까지는 코딩과 관련된 개념을 설명하고 파이썬 언어의 기초적인 문법을 익히도록 구성하였다. 1장은 코딩, 알고리즘(algorithm), 프로그램 등 코딩과 관련된 주요 개념에 대해 설명하고, 파이썬 코딩을 위한 환경설정 방법을 구성하였다. 2장은 알고리즘을 익히기 위한 랩터(Rapter) 사용 방법을 다루었다. 프로그래밍에서 가장 중요한 개념 중 하나인 변수(variable)와 연산자에 대한 내용을 포함하였다. 3장은 프로그램에 자료를 입력하고 출력하는 방법을 다루었고, 4장은 프로그램에서 사용하는 변수의 자료 형태인 자료형(data type)에 대한 내용을 포함하였다. 5장부터 7장까지는 프로그램의 골격을 이루는 조건문과 반복문을 구성하고 사용하는 방법을 다루었다. 후반부인 9장부터 14장까지는 파이썬 언어의 비교적 고급 문법을 익히도록 하고 응용력을 높이도록 구성하였다. 9장에서는 절차 지향 언어의 특징인 함수(function)를 구성하고 사용하는 방법을 다루었고, 10장부터 12장까지는 파이썬 언어에서 제공하는 주요한 내장함수를 다루었다. 모든 전공분야에서 공통으로 사용할 수 있는 수학 관련 함수, 그래픽 관련 함수, 자료구조 관련 함수 등을 포함하였다. 13장에서는 파이썬이 지원하는 객체지향 언어의 특징인 클래스(class)를 구성하고 사용하는 방법을 다루었다.

포함된 내용이 파이썬 언어의 모든 내용을 다루지는 못한 것으로 생각된다. 파이썬에서 제공하는 문서(documentation)를 통해 지식을 더욱 넓혀 나가기를 바란다. 아무쪼록 이 교재를 통해 코딩을 처음 접하는 대학 신입생 여러분들이 코딩을 쉽게 접하는 계기를 만들고, 나아가 전공분야에 코딩 기술을 적용시킬 수 있는 수준으로 발전해 나가기를 바란다. 끝으로 이 책이 만들어지기까지 도움을 주신 컴퓨터사이언스학부 교수님들과 대학 내 도움을 주신 교수님들 그리고 출판을 도와주신 출판사 여러분에게 감사를 표한다.

2020년 2월
저자 하일규

CHAPTER

15

기말시험

01

코딩이
왜 필요하지?

/

【 들어가기 】

• 코딩은 프로그램을 작성하는 것!

• 코딩이란 무엇이고, 왜 필요한가?

• 전공분야에 코딩은 SW는 어떻게 활용되는가?

/

【 생각하기 】

1. 글로벌 시가총액 상위기업? (2020)

    ☞ 아람코 – 애플 – 마이크로소프트 – 아마존 – 구글 – 페이스북 – 알리바바

2. 우리나라 시가총액 상위기업? (2020)

    ☞ 삼성전자(1) – SK하이닉스(2) – 삼성바이로로직스(3) – NAVER(4) – LG화학(5)

    ☞ 카카오(18) – 엔씨소프트(22) – 넷마블(35)

3. 위의 정보가 시사하는 바는 무엇인가?

    ☞ 위에서 SW와 관련된 기업은 무엇인가?

    ☞ 우리나라의 SW 글로벌 경쟁력은?

이론

【 학습목표 】

• 수업내용, 평가방법 등 수업운영에 관한 전반적인 내용을 이해할 수 있다.

• 코딩의 개념과 코딩의 중요성을 이해할 수 있다.

1.1 코딩이란

코딩(coding)이란 알고리즘에 따라 프로그램을 작성하는 것이다. 알고리즘(algorithm)은 명령(작업)의 처리 순서를 말하며, 프로그램(program)은 컴퓨터에 의해 실행되는 명령어의 집합을 말한다. 컴퓨터에 의해 작동되는 프로그램을 하드웨어와 구분하여 소프트웨어(software)라고 한다. 프로그래밍(programming)은 프로그래밍언어의 문법에 맞추어 프로그램을 작성하는 행위를 말하며, 프로그래밍언어(programming Language)는 프로그램을 작성하기 위한 문법을 말한다. 그림 1-1은 코딩관련 용어들을 설명한다.

그림 1-1 코딩관련 용어들

1.2 코딩의 중요성

4차산업혁명의 도래와 함께 소프트웨어의 중요성은 더욱 커져가고 있다. 몇 가지 핵심적인 기술이 4차 산업혁명을 이끌고 있다고 할 수 있다. 그 핵심적인 기술은 바로 BIMAC(Big Data, IoT, Mobile, AI, Cloud) 또는 AIICBMAI, IoT, Cloud, Big Data, Mobile)이다. 이러한 다섯 가지 핵심기술의 공통점 은 무엇인가? 바로 소프트웨어와 연관된다는 것이다. 따라서 소프트웨어를 작성하는 코딩 기술은 현시 대에 매우 중요하다고 할 수 있다. 5G와 같은 새로운 기술이 급속히 나타나고 있다. 우리가 맞이하게 될 새로운 혁명의 시대는 어떠한 기술이 변화의 중심이 될 것인가? 어떤 기술이든 소프트웨어와 연관 될 것임을 예측할 수 있다.

1.3 전공분야에 SW는 어떻게 활용되는가?

우리가 살아가는 일상생활 속에서 또는 우리의 전공 분야에서 소프트웨어가 어떻게 활용되는지 생각 해보자. 가정과 사무실에 있는 가전제품에는 기기를 작동시키기 위한 소프트웨어가 집적(embeded) 되어 있을 것이다. 또한 컴퓨터에서 사용하는 여러 가지 프로그램도 소프트웨어로 구성되어 있다고 할 수 있다. 사무용 소프트웨어, 게임 소프트웨어, 업무처리용 소프트웨어와 같은 응용 소프트웨어와 Windows와 같은 운영체제도 소프트웨어의 한 종류이다. 우리의 전공분야가 사회복지라면 사회복지 기관에서 사용하는 여러 가지 소프트웨어를 생각할 수 있다. 사회복지 업무용 소프트웨어, 사회복지 빅 데이터처리 소프트웨어, 사회복지 통계 소프트웨어 등등 많은 전공분야의 소프트웨어를 생각해볼 수 있다.

1.4 코딩환경 설정하기

코딩 기술을 익히기 위한 실습환경을 설정한다. 최근들어 비전공자나 초보자도 쉽게 접하고 익힐 수 있 는 파이썬(Python)언어의 실습환경을 구축한다. 파이썬 언어는 그림 1-2와 같이 귀도 반 로섬이 개발 한 프로그래밍 언어이며, 쉬운 변수 선언과 간편한 편집과 실행 방법을 제공하여 초보자들이 쉽게 접 근할 수 있고, 다양한 함수와 기능을 제공하여 전문 분야에도 활용할 수 있는 프로그래밍 언어이다. 파 이썬은 무료로 다운받아 사용할 수 있는 오픈 소프트웨어이다. 또한 통합개발환경(IDE, Integrated Development Environment)을 제공하여 편집과 실행을 편리하게 할 수 있다.

파이썬은 무료로 다운받아 사용할 수 있는 오픈소프트웨어이므로, 아래 그림 1-3과 같이 www. python.org에서 다운받아 사용할 수 있다. 그림 1-4와 같이 접속한 화면에서 'Downloads' 메뉴를 선택하고 다운로드 메뉴를 선택하여 다운로드할 수 있다. 다운로드한 파일은 실행하며 파이썬을 설치한다.

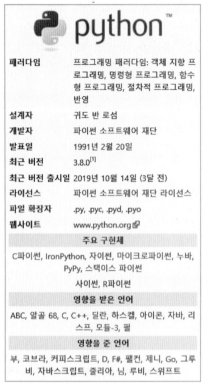

```
def add5(x):
    return x+5

def dotwrite(ast):
    nodename = getNodename()
    label=symbol.sym_name.get(int(ast[0]),ast[0])
    print '    %s [label="%s' % (nodename, label),
    if isinstance(ast[1], str):
        if ast[1].strip():
            print '= %s"];' % ast[1]
        else:
            print '"]'
    else:
        print '"];'
        children = []
        for in n, childenumerate(ast[1:]):
            children.append(dotwrite(child))
        print ,'    %s -> {' % nodename
        for in :namechildren
            print '%s' % name,
```

구문이 강조된 파이썬 코드 예제

패러다임	프로그래밍 패러다임: 객체 지향 프로그래밍, 명령형 프로그래밍, 함수형 프로그래밍, 절차적 프로그래밍, 반영
설계자	귀도 반 로섬
개발자	파이썬 소프트웨어 재단
발표일	1991년 2월 20일
최근 버전	3.8.0[1]
최근 버전 출시일	2019년 10월 14일 (3달 전)
라이선스	파이썬 소프트웨어 재단 라이선스
파일 확장자	.py, .pyc, .pyd, .pyo
웹사이트	www.python.org

주요 구현체

C파이썬, IronPython, 자이썬, 마이크로파이썬, 누바, PyPy, 스택이스 파이썬

사이썬, R파이썬

영향을 받은 언어

ABC, 알골 68, C, C++, 딜란, 하스켈, 아이콘, 자바, 리스프, 모듈-3, 펄

영향을 준 언어

부, 코브라, 커피스크립트, D, F#, 팰컨, 제니, Go, 그루비, 자바스크립트, 줄리아, 님, 루비, 스위프트

파이썬을 고안한 귀도 반 로섬

그림 1-2 파이썬 언어 [위키피디아]

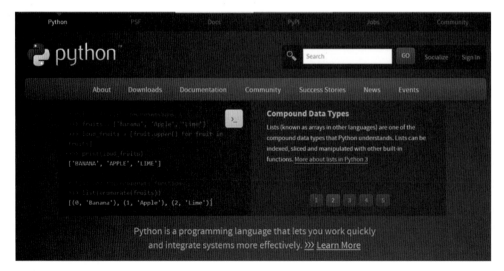

그림 1-3. www.python.org

그림 1-4 파이썬 다운로드 메뉴

1.5 프로그래밍의 시작과 종료

파이썬 프로그램을 설치하면 여러 가지 파일이 생성되고, 그림 1-5와 같은 여러 가지 아이콘이 생성된다. 프로그램 편집을 위한 IDE 창을 띄우기 위해서는 그림과 같은 메뉴를 선택하고 실행한다. 그림 1-6은 실행화면을 보여준다.

파이썬 코딩을 위한 파이썬 IDE는 쉘(shell) 모드와 편집 모드로 나눌 수 있다. 쉘 모드는 명령프롬프트 뒤에 명령어를 입력하여 즉시 실행하여 결과를 확인할 수 있는 모드이고, 편집 모드는 명령어 편집기를 이용하여 명령을 편집하여 저장하고 실행할 수 있는 모드이다. 반복적으로 명령을 수정하고 실행하며 결과 파일을 저장하여 보관할 수 있고 추후 다시 사용할 수 있으므로 편집 모드가 편리할 수 있다. 편집 모드에서 코딩하고 실행하는 방법과 코딩 결과물을 저장하고 종료하는 방법을 뒤에 이어지는 실습을 통해서 익힐 수 있다.

그림 1-5. 파이썬 실행 메뉴

그림 1-6. 파이썬 실행 화면

실습

【 학습목표 】

- 전공분야에 SW가 어떻게 활용되는지 이해할 수 있다.

- 코딩환경을 설정하고 IDE를 조작할 수 있다.

- 프로그래밍의 시작과 종료 방법을 알 수 있다.

실습 1. 전공분야 SW활용 사례 찾기

실습하기 _ 전공분야 소프트웨어 활용 사례 찾기

- 메모장 또는 한글 열고 편집

- 웹 검색을 통해 전공분야의 SW 활용 사례 찾고 기록하기

- 찾은 사례를 옆 수강생과 토론하기

- 2~3명의 내용을 발표, 코멘트

- 결과 파일 제출

전공분야의 소프트웨어 활용 사례를 찾아보자. 우선 웹 검색을 통해 전공분야의 활용 사례를 찾아보고 메모장 또는 한글에서 기록하자. 찾은 사례를 옆 사람과 함께 토론하고 발표해보자. 그림 1-7은 사회복지분야 소프트웨어 활용 검색 예이다.

그림 1-7 사회복지분야 소프트웨어 활용 검색 예

실습 2. 쉘 모드와 편집 모드

실습하기 _ 쉘 모드와 편집 모드 알아보기

- 쉘 모드와 편집 모드 실행하기
- 두 모드의 차이점 알아보기
- 각 모드의 실행과 종료 방법 알아보기

파이썬 IDE는 쉘 모드와 편집 모드가 있다. 그림 1-8은 쉘 모드이고 명령프롬프트(〉〉〉) 뒤에 명령어를 입력하여 바로 실행 결과를 확인할 수 있다. 그림 1-9는 편집 모드이고 명령을 편집하여 저장하고 실행할 수 있다.

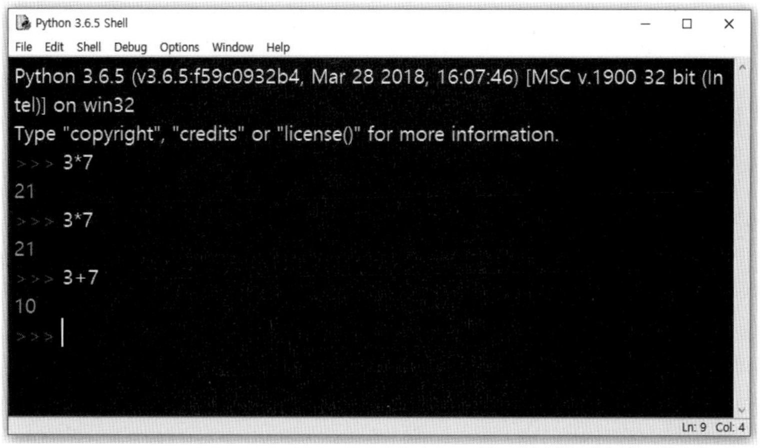

그림 1-8 파이썬 쉘 모드

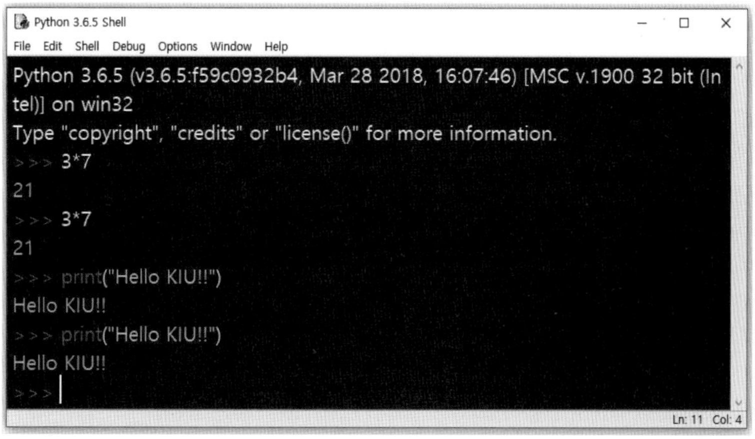

그림 1-9 파이썬 편집 모드

실습하기 _ 편집 모드에서 코딩하고 실행하는 방법

- 편집모드를 열고 명령 코딩
- 코딩 규칙 정하기 (날짜, 이름 등)
- 프로그램(명령) 실행하기 (F5)
- 프로그램(명령) 저장하기

그림 1-10은 편집 모드를 열고 파일을 편집하여 실행하는 화면이다. 단축키 F5를 눌러서 실행할 수 있다. 그림 1-11은 편집한 프로그램 실행하였을 때 저장할 지를 묻는 프롬프트 창을 보여준다. 원하는 위치에 저장한 후 실행할 수 있다.

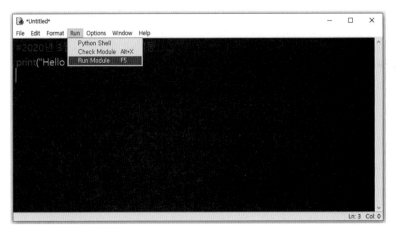

그림 1-10 편집 모드에서 편집과 실행

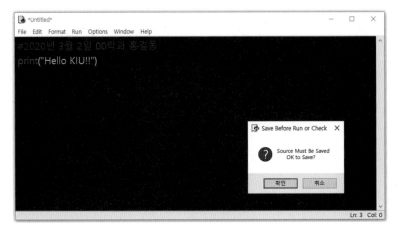

그림 1-11 프로그램(명령)의 저장

실습하기 _ 설명문(주석문) 처리하기

- 편집모드에서 코드가 아닌 설명하는 글을 표현할 때 사용

- 코딩 날짜, 작성자 이름, 코드 제목, 코드 수정 일자 등을 기록할 때 사용

- # : 이 표시부터 그 줄 끝까지의 문장을 설명문으로 처리

- " '' " (또는 """ """): " '' ~ '' " 범위에 있는 모든 문장을 설명문으로 처리

그림 1-12는 '#'기호를 이용하여 한 줄을 설명문으로 처리하는 예를 보여준다. 그림 1-13은 여러 줄을 설명문으로 처리하는 예를 보여주고 있다.

```
#2020년 3월 0일 00학과 홍길동
# 설명문(주석문) 처리 방법


print("이 문장은 출력됨! ")
#print( 이 문장은 출력안됨! ")
print("이 문장은 출력됨! ")
```

그림 1-12 한 줄을 설명문 처리

```
#2020년 3월 0일 00학과 홍길동
#설명문(주석문) 처리 방법

'''

print("이 문장은 술력됨! ")
#print("이 문장은 출력안됨! ")
print("이 문장은 출력됨! ")
'''
```

그림 1-13 여러 줄을 설명문 처리

실습하기 _ 코딩 결과물을 저장하고 종료하는 방법

- 명령 실행 결과 확인하기
- 명령 파일 경로 찾고 확인하기
- 저장한 파일을 다시 실행하기 (열기)
- 프로그램 수정하기

편집 모드에서 실행한 결과는 그림 1-14와 같은 쉘 모드에서 나타난다. 편집 모드에서 편집한 코드를 저장할 수 있고, 저장한 파일은 더블클릭하여 바로 실행하는 것이 아니라 그림 1-15와 같은 편집 모드에서 'open'하여 실행한다.

그림 1-14 편집한 파일의 실행과 결과 확인하기

그림 1-15 저장한 파일의 열기

핵심 정리

01. 코딩이란 알고리즘에 따라 프로그램을 작성하는 것을 말한다.

---

02. 4차산업혁명의 도래와 함께 BIMAC와 같은 5가지 핵심적인 기술이 부각되어 왔고, 이들 기술의 공통점은 SW(소프트웨어)와 연관된 기술이라는 점이다.

---

03. 우리의 전공분야와 SW는 매우 밀접한 관계가 있으며 현재 전공분야 산업현장에서 SW가 많이 활용되고 있고 앞으로도 전공분야에서 SW의 활용은 증가할 것으로 예상할 수 있다.

---

04. SW전공자가 아닌 초보자가 접근하기 쉬운 파이썬 언어를 선택하여 코딩하는 방법을 알아보았고, 파이썬 IDE를 다루는 방법을 익혔다.

학습 평가

01. 자신의 전공분야에서 활용되는 대표적인 SW의 사례를 말해보시오.

----

02. 다음 각 용어를 설명해보시오.

　　① 코딩　　　　　　　　② 프로그램

　　③ 알고리즘　　　　　　④ 프로그래밍

----

03. 4차산업혁명 핵심기술 5가지 BIMAC이 무엇인지 말해보시오.

----

04. Python IDE를 시작하고 종료할 수 있는지 확인하시오.

----

05. 쉘 모드와 편집 모드의 명령 코딩 방법을 아는지 확인하시오.

실전 문제

01. 파이썬(Python)언어에 대한 설명 중 가장 거리가 먼 것은? (   )

　① 1991년 귀도 반 로섬이 개발한 프로그래밍언어이다.

　② 인터프리터 방식의 언어이다.

　③ 실무에 유용한 라이브러리가 제공된다.

　④ 전체 소스코드를 기계어로 변환하여 한 줄씩 실행된다.

02. 파이썬을 다운받아 설치하고 다음을 출력하시오.

```
print("안녕하세요")
print("저는 컴퓨터공학과 홍길동입니다.")
print("반갑습니다.")
```

03. 인공지능, 사물인터넷, 빅데이터가 결합되어 생산성이 고도로 향상되는 산업혁명을 인터넷 기반의 지식정보 혁명과 비교하여 무엇이라고 하는가?

----

04. 컴퓨터를 구성하는 요소로 하드웨어를 움직이는 명령어의 집합을 무엇이라고 하는가?

----

05. 사물인터넷(IoT)의 full name을 쓰고 정의를 써보시오.

　① full name: _____

　② 정의: _____

02

알고리즘은
처음이지?

【 들어가기 】

- 알고리즘은 무엇인가?

- 알고리즘은 어떻게 구성되고 작동되는가?

- (프로그램)명령에는 어떤 구성요소가 있는가?

【 Review 】

[기초 개념]

- 코딩: 알고리즘에 따라 프로그램을 작성하는 것

- 알고리즘: 명령(작업)의 처리 순서

[핵심 내용]

- 코딩의 중요성

  – 4차산업혁명의 도래와 SW(소프트웨어)의 중요성

  – 4차산업혁명의 핵심기술 5가지 BIMAC(Big Data, IoT, Mobile, AI, Cloud)

  – 핵심기술 5가지의 공통점 –〉 SW(소프트웨어)

- 함수의 다양한 형태

  – 파이썬 언어의 선택 배경, 활용 분야 알아보기

  – 파이썬 다운받고 설치하기

  – IDE(통합개발환경) 이해하고 조작하기

【 생각하기 】

1. 랩터(Rapter)의 사전적 의미는?

  ☞ 맹금류, 육식을 하는 새, 발톱으로 먹이를 사냥하는 새

2. 무료로 사용할 수 있는 알고리즘 교육 도구

  ☞ 랩터, 스크래치 등

이론

【 학습목표 】

· 알고리즘을 이해하고, 프로그램의 실행 순서를 이해할 수 있다.

· 프로그램에서 변수와 연산자를 구별할 수 있다.

1.1 알고리즘과 순서도

알고리즘은 명령어의 처리 순서이다. 알고리즘의 명령어 처리 순서는 다양한 형태로 표현할 수 있으나 순서도(flowchart)가 대표적이다. 순서도는 그림 2-1과 같이 알고리즘을 도형과 화살표 등 기호(symbol)로 표현한 것이다. 순서도를 구성하는 기호는 뒤에서 진행하게 될 실습 파트를 통해서 익힐 수 있다. 알고리즘은 순서도 외에 슈도코드(pseudo-code)로 표현할 수 있다. 슈도코드는 완전한 프로그래밍 언어가 아닌 자연어에 가까운 코드로 알고리즘을 표현한 것이다.

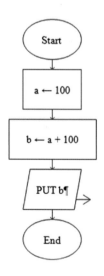

그림 2-1 순서도

1.2 랩터 설치하고 실행하기

랩터는 알고리즘을 작성하고 실행할 수 있는 도구이다. 미국 공군에서 개발하여 무료로 보급하는 프로그래밍 교육 도구이다. 랩터는 최소한의 구문 구조로 되어 있어 알고리즘을 작성하고 실행하기에 편리한 환경을 제공한다. 시각적인 알고리즘 편집 및 실행 환경을 통해서 알고리즘의 단계와 흐름을 파악하기에 적합한 도구이다. 랩터 홈페이지(https://raptor.martincarlisle.com/)에서 무료로 최신 버전을 다운 받아 설치할 수 있다.

랩터를 다운받아 실행하면 그림 2-2와 같은 화면이 나타난다. 화면 위에는 메뉴와 주요 도구 모음들이 있고, 화면 왼쪽에는 순서도를 표현할 수 있는 요소인 심볼(symbols)들이 있다. 화면 오른쪽에는 순서도 편집 창이 있고, 왼쪽 아래에는 알고리즘의 실행에 따라 주요 변수와 변수값이 보여진다. 표 2-1은 랩터의 주요 도구모음을 보여주고 표 2-2는 순서도(알고리즘)을 구성하는 심볼과 그 의미를 보여준다. 도구모음에는 실행, 일시정지, 정지, 속도조절과 같은 메뉴가 있고, 순서도 심볼에는 순차(처리), 함수 호출, 자료입력, 결과출력, 선택, 반복과 같은 요소가 있다.

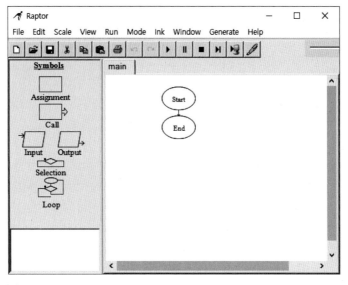

그림 2-2 랩터의 첫 화면

표 2-1. 랩터의 주요 도구모음

메뉴	▶	‖	■	———╀
기능	실행	일시정지	정지	속도조절

표 2-2 랩터의 주요 도구모음

심볼	의미	알고리즘 예
Assignment	순차(처리)	누적할 값을 합계에 더하시오.
Call	함수호출	함수를 호출하시오.
Input	자료입력	초기값을 입력받으시오.
Output	결과출력	합계값을 출력하시오.
Selection	선택	종료값보다 큰 지 판단하시오.
Loop	반복	해당 문장을 반복하여 실행하시오.

1.3 알고리즘이 실행되는 방법

알고리즘의 표현을 살펴보면 공통점을 발견할 수 있다. 바로 시작과 종료이다. 랩터의 시작화면도 시작기호와 종료기호로 구성된다. 이와 같이 모든 알고리즘은 시작기호로부터 알고리즘의 흐름이 시작하여 종료기호에서 끝난다. 순서도를 구성하고 있는 기호는 시작과 종료를 나타내는 시작기호와 종료기호, 순차적인 명령어 처리를 나타내는 순차기호, 데이터 입력을 나타내는 자료입력, 프로그램의 처리 결과를 출력하는 출력기호, 조건에 따라 처리할 명령을 선택하는 선택기호, 반복적인 명령을 수행하는 반복기호, 함수의 실행을 의미하는 함수호출 등으로 구성된다.

1.4 변수와 연산자를 골라내기

변수는 프로그램에서 처리할 값을 저장하는 메모리 공간을 의미한다. 프로그래밍의 시작을 위하여 프로그램에서 사용될 변수를 정하는 일은 매우 중요한 일이다. 랩터를 실행하면 화면 왼쪽 아래 부분에 알고리즘에서 사용된 변수와 변수값의 변화를 관찰할 수 있다. 알고리즘의 작성을 통해 명령어의 처리 순서와 작업의 논리적인 흐름을 파악하면서 각 명령에서 어떤 변수가 사용되어야 하고 변수의 값이 어떻게 변화하는지를 정확하게 파악할 필요가 있다. 이와 아울러 알고리즘을 작성할 때 변수의 값을 변경하기 위해 어떤 연산자를 사용할 것인가를 결정하여야 한다.

1.5 변수와 연산자의 종류

변수의 값을 변경하는 것은 연산(operation)이라고 할 수 있다. 연산자(operator)는 연산을 실시하는 기호이다. 변수는 연산에 대한 피연산자(operand)라 할 수 있다. 파이썬은 산술연산자, 비교연산자, 논리연산자, 형변환연산자, 문자열연산자 등 다양한 계산을 위한 연산자를 제공한다. 연산식 (expression)은 연산자와 피연산자가 조합되어 있는 것으로 하나의 연산 결과값을 가진다. 표 2-3은 파이썬에서 지원하는 산술연산자를 보여준다. 표 2-4는 파이썬에서 사용할 수 있는 연산식 예를 보여준다. 표와 같이 연산식은 반드시 하나의 결과값을 가진다. 표 2-5는 대입연산자를 보여준다.

표 2-3 파이썬 산술연산자

연산자	의미	사용 예	결과
+	더하기	7 + 3	10
−	빼기	7 − 3	4
*	곱하기	7 * 3	21
/	나누기 (실수)	7 / 3	2.333
//	나누기 (정수)	7 // 3	2
%	나머지	7 % 3	1
**	거듭제곱	7 ** 2	49

표 2-4 연산식 예

연산식	연산자	피연산자, a=7, b=3	결과값
a + b	+	a, b	10
a // b	//	a, b	2
a % b	%	a, b	1

표 2-5 파이썬 대입연산자

연산자	의미	사용 예, s=1	결과
+=	덧셈 후 대입	s+=1	2
-=	뺄셈 후 대입	s-=1	0
*=	곱셈 후 대입	s*=1	1
/=	나눗셈 후 대입	s/=1	1
//=	나눗셈 후 대입	s//=1	1
%=	나머지연산 후 대입	s%=1	0
**=	제곱 후 대입	s**=1	1

실습

【 학습목표 】

· 알고리즘 편집도구인 랩터를 사용할 수 있다.

· 알고리즘을 작성하고 실행할 수 있다.

· 알고리즘에서 변수와 연산자를 구별할 수 있다.

실습 1. 알고리즘 작성하고 실행하기

실습하기 _ 알고리즘 작성하기

- 랩터 실행하기

- 왼쪽 심볼 드래그하여 오른쪽 편집화면에 드롭

- 심볼 더블클릭하여 명령 입력

알고리즘 실행하기

- 실행 도구 눌러 실행하기

- 실행결과 확인하기

- 생성 명령(변수) 확인하기

랩터를 인스톨한 후 실행하기 위해서는 그림 2-3과 같은 메뉴를 선택하여 실행한다. 알고리즘을 편집하기 위해서는 그림 2-4와 같이 화면 왼쪽에서 심볼을 드래그 앤 드롭하여 순서도에 추가한다. 추가된 구성요소에는 구체적인 명령을 추가하여야 한다. 추가할 명령은 추가된 구성요소를 더블클릭하여 나타난 그림 2-5와 같은 화면에서 입력한다. 'Set'입력란에는 변수 이름을 넣고, 'to' 입력란에는 변수에 들어갈 값을 지정한다. 명령을 입력하고 'Done'을 누르면 그림 2-6과 같이 입력된 명령이 나타난다. 알고리즘 편집이 종료되면 알고리즘을 실행한다. 실행은 도구모음의 실행 버튼을 이용한다. 실행결과는 그림 2-7과 같이 나타난다. 'End'에서 알고리즘이 종료되고, 화면 왼쪽에는 변수와 변수값이 보여진다.

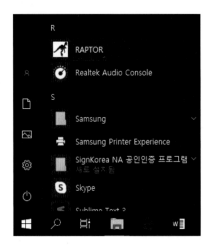

그림 2-3 랩터 실행하기

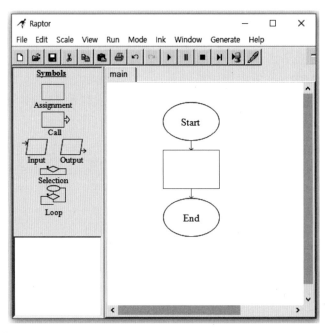

그림 2-4 심볼 추가하기

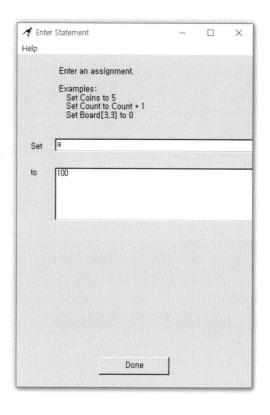

그림 2-5 명령 입력

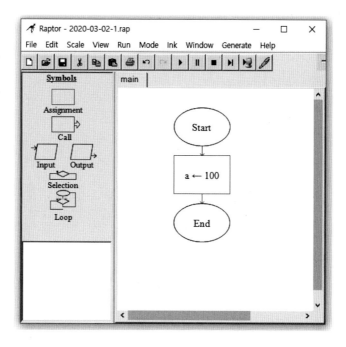

그림 2-6 명령 추가

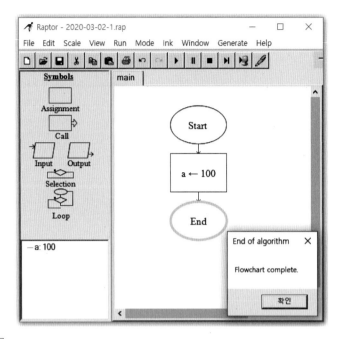

그림 2-7 실행과 종료

실습 2. 변수와 연산자 골라내기

실습하기 _ 실행결과 확인하기

- 알고리즘 실행 결과 확인하기

- MasterConsole 화면

- 심볼 추가 입력, 명령 실행

- 수정된 알고리즘 실행

변수와 연산자 골라내기

- 알고리즘에서 변수 골라내기: a, b

- 알고리즘에서 연산자 골라내기: +

알고리즘이 실행되면 그림 2-8과 같이 실행 결과 화면이 나타난다. 계산값이 출력되는 경우 이 화면에서 출력되는 값을 확인할 수 있다.

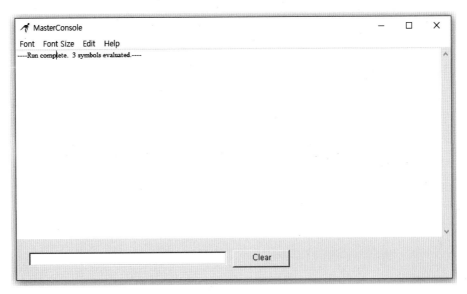

그림 2-8 실행 결과 확인하기(MasterConsole)

간단한 알고리즘을 편집해본다. 그림 2-9와 같이 두 개의 순차문과 출력문으로 구성된 알고리즘을 편집한다. 편집한 알고리즘을 실행하고 그림 2-10과 같은 실행 결과를 확인한다. 변수와 결과값을 확인한다. 5장에서 학습하게 될 조건문을 사용한 알고리즘의 예를 살펴보자. 그림 2-11은 정수 1부터 100까지의 합을 구하는 알고리즘을 보여준다. 그림과 같이 편집하고 실행버튼을 눌러 알고리즘의 논리적 흐름과 변수값의 변화를 확인해보자. 그림 2-12는 실행 결과를 보여준다. 조건문의 자세한 구조는 5장에서 학습한다.

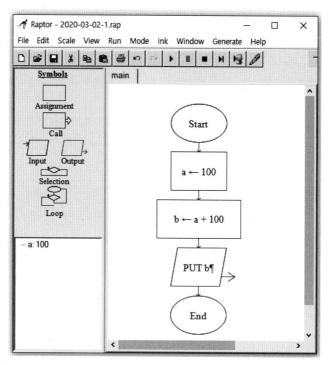

그림 2-9 심볼 추가 입력

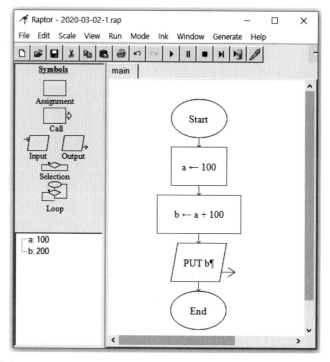

그림 2-10 명령 실행 결과

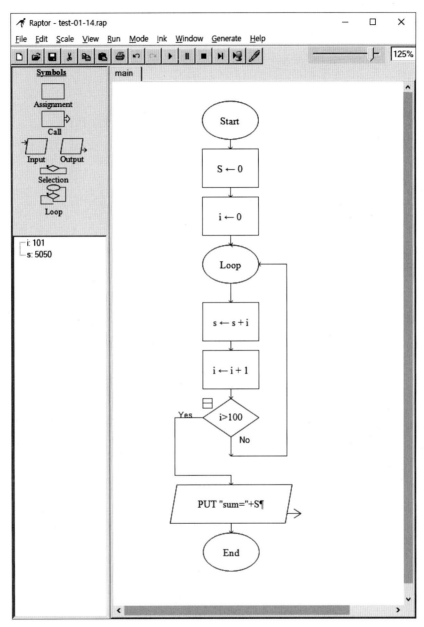

그림 2-11 1~100정수 합을 구하는 알고리즘

그림 2-12 명령 실행 결과

실습 3. 변수와 연산자 알아보기

실습하기 _ 연산자 종류

- 산술연산자

- 비교 및 논리 연산자

- 문자열 연산자

변수 작성 규칙

- 파이썬 변수 작성 규칙

- 다른 프로그래밍 언어와 차이점

파이썬 변수작성 규칙

- 대소문자 구분

- 한글 변수명 사용 가능

- 숫자로 시작하지 못함

- 특수문자 사용하지 못함, 단 언더바 가능

- 중간에 공백 사용하지 못함

- 키워드는 사용하지 못함

's=s+i'와 같은 연산식에서 변수는 s와 i이고, 연산자는 '='와 '+'이다. 연산자는 계산에 의해 피연산자인 변수의 값을 변경한다. 파이썬에서 지원하는 연산자에는 산술연산자, 비교및논리연산자, 문자열연산자 등이 있다. 표 2-3은 산술연산자를 보여준다. 알고리즘을 작성하며 명령을 입력할 때 사용하는 변수의 이름은 자유롭게 정할 수 있으나 다음과 같은 규칙을 따라야 한다. 첫째, 변수의 이름은 대소문자를 구분한다. 즉, 변수 a와 변수 A는 다른 변수이다. 둘째, 파이썬은 다른 프로그래밍 언어와 달리 한글 변수명을 지원한다. 즉, '이름="홍길동"'과 같은 문장이 가능하다. 셋째, 변수의 이름은 숫자로 시작하지 못한다. 넷째, 언더바(_)를 제외한 특수문자를 변수 이름에 사용하지 못한다. 다섯째, 변수 이름의 중간에 공백을 사용할 수 없다. 즉, 'price total'은 불가능하다. 'price_total'과 같이 사용하여야 한다. 마지막으로 파이썬 프로그램을 작성할 때 이미 그 의미와 기능이 정해져 있는 명령어인 키워드(keyword)를 변수 이름으로 사용할 수 없다. 즉 if, else, for, while과 같은 키워드는 그 기능이 정해져 있는 키워드 이므로 변수의 이름으로 사용할 수 없다.

핵심 정리

01. 알고리즘은 컴퓨터 프로그램을 작성하기 위한 명령어의 처리 순서를 기술한 것이다. 순서도는 알고리즘을 여러 가지 기호로 표현한 것을 말한다.

02. 랩터는 알고리즘을 작성하고 실행할 수 있는 도구이며 무료로 제공하는 프로그래밍 교육 도구이다. 랩터는 도구모음, 심볼화면, 편집화면 등으로 구성되어 있다.

03. 랩터 실행을 통해 알고리즘의 실행 순서를 알 수 있고, 알고리즘에 포함된 변수와 연산자를 확인할 수 있다.

04. 변수는 프로그램에서 사용되는 값을 저장하기 위한 공간을 말하고, 연산자는 변수에 값을 저장하는 여러 가지의 연산 기호를 말한다. 연산식은 연산자와 변수(피연산자)의 조합으로 이루어진 것으로 하나의 결과값을 가진다.

학습 평가

01. 랩터를 실행하고 종료할 수 있는지 스스로 확인해보시오.

---

02. 다음 중 변수가 아닌 것을 고르시오.

① a　　　　　　② a+1

③ b　　　　　　④ 100

---

03. 변수, 연산자, 연산식의 의미를 설명해보시오.

---

04. 변수, 연산자, 연산식의 예를 하나씩 들어보시오.

---

05. 웹에서 파이썬 프로그램을 검색하고 검색한 프로그램에서 변수, 연산자, 연산식을 찾아보시오.

실전 문제

01. 변수의 특징과 가장 거리가 먼 것은? (   )

① 알고리즘에서 사용 　　　　　　　　② 값이 변할 수 없음

③ 긴 이름을 사용하는 경우도 있음 　　④ 메모리 공간을 사용

02. 다음 중 알고리즘의 조건으로 가장 거리가 먼 것은? (   )

① 0개 이상 입력　　② 0개 이상 출력　　③ 명백성　　④ 유한성

03. 파이썬 쉘에서 다음과 같이 명령을 실행했을 때 결과값은 무엇인가? (   )

```
>>> 7//4
```

① 1　　　② 1.75　　　③ 3　　　④ 0

04. 알고리즘에서 나타나는 값들을 저장하는 곳으로 메모리 안에 생성되는 것을 무엇이라고 하는가? (   )

----

05. 문제를 해결하기 위한 단계적 절차로서, 명령어들의 순서 있는 집합을 무엇이라고 하는가? (   )

----

06. 아래 코드에서 변수는 몇 개 인가? (   )

```
ftemp=90.0
ctemp=(ftemp-32.0)*5.0/9.0
print(ctemp)
```

07. 다음 명령의 결과값을 적으시오. (   )

```
a='안녕'
a=3.14
print(a)
```

---

08. 여러 줄을 설명문(주석)으로 처리하고자 할 때 사용되는 기호는 무엇인가? (   )

① " "   ② '   ③ {   ④ #

09. 1~100사이의 값을 더하는 랩터 알고리즘을 작성하시오.

---

10. 9번 알고리즘을 수정하여 짝수만 더하는 알고리즘을 작성하시오.

---

11. 두 개의 숫자를 입력받아서 큰 수를 출력하는 알고리즘을 랩터로 작성하시오.

---

12. 다음 명령의 결과값은 무엇인가? (　　)

```
>>>x=5
>>>x%=3
>>>print(x)
```

① 1　　　② 2　　　③ 3　　　④ 4

13. 다음 명령의 결과값을 적으시오. (　　)

```
a='Happy'
b='Day'
print(a*2+b)
```

03

입력하고
출력해보기

【 들어가기 】

- 프로그램에서 입출과 출력은 왜 필요한가?

- 입력과 출력은 무엇인가?

- 입력된 값은 어디에 저장되고 무엇이 어디로 출력되는가?

【 Review 】

[기초 개념]

- 알고리즘: 명령어(작업)의 처리 순서

- 알순서도: 알고리즘을 기호로 표현한 것

[핵심 내용]

- 용어

  - 코딩(Coding): 알고리즘에 따라 프로그램을 작성하는 것

  - 프로그램: 컴퓨터에 의해 실행되는 명령어의 집합

  - 알고리즘: 명령어(작업)의 처리 순서

  - 순서도(flowchart): 알고리즘을 기호로 표현한 것

- 랩터 사용

  - 알고리즘을 작성하고 실행할 수 있는 도구

  - 기호 및 명령

  - 알고리즘에서 변수 골라내기

【 생각하기 】

1. 입력과 출력은 왜 필요한가?

  ☞ 입력: 사용하자 프로그램에 의해 처리될 값을 넣어줌

  ☞ 출력: 프로그램에서 처리한 결과를 사용자가 인지하게 함

2. 프로그램에서 입력과 출력은 어떤 데이터들인가?

  ☞ 입력: 프로그램의 계산식에서 사용할 값

  ☞ 출력: 프로그램의 계산식에서 계산한 값

이론

1.1 프로그램과 입출력

프로그램에서 입력과 출력 명령은 프로그램의 기능을 확대한다. 입력 명령은 프로그램에 정의된 변수에 값을 입력하는 역할을 하고, 출력 명령은 프로그램에서 계산된 값을 외부로 출력하는 역할을 한다. 파이썬에서 입력 명령과 출력 명령은 다양한 함수로 이루어진다. 함수는 특정한 기능을 가지는 프로그램 단위이며 사용자가 정의해서 사용하는 사용자정의 함수와 파이썬에 내장되어 있는 내장 함수가 있다. 사용자정의 함수는 9장에서 다루고, 내장 함수는 10장에서 자세하게 다룬다.

1.2 기본 출력 함수

파이썬에서 지원하는 기본 출력 함수는 print 함수이다. print 함수는 함수이름과 괄호 안에 출력할 내용을 지정하여 프로그램에서 계산한 결과값을 출력한다. 변수와 상수뿐만 아니라 문자, 문자열 등의 값을 출력할 수 있고, 양식문자를 이용하여 다양한 형식에 맞추어 출력할 수 있다. 상수(Literals)는 변수와 유사한 개념이나 일상생활에서 사용하는 다양한 값을 의미한다. 문자와 문자열은 일반적으로 홑따옴표(' ') 또는 겹따옴표(" ")로 묶어서 표현한다. 표 3-2은 print 함수의 사용 예를 보여준다.

표 3-1. print 함수의 사용 예

사용 예	의미	비고
print(7)	정수 7을 출력	
print(3.14)	실수 3.14를 출력	
print("안녕하세요?")	문자열 "안녕하세요?"를 출력	겹따옴표
print('안녕하세요?')	문자열 '안녕하세요?'를 출력	홑따옴표
print(a)	변수 a의 값을 출력	
print("결과=",a)	문자열 "결과="과 변수값 a를 출력	
print("결과=%d" % a)	문자열 "결과="과 변수값 a를 %d에 출력	정수형으로 출력

1.3 기본 입력 함수

파이썬에서 지원하는 기본 입력 함수는 input 함수이다. input 함수는 함수이름과 괄호 안에 입력할 내용을 지정하여 프로그램에 사용할 값을 변수에 전달한다. 입력한 값은 정수형, 실수형, 문자열형의 변수에 입력된다. input 함수를 사용하여 입력받은 값은 문자열형이다. 정수형과 실수형 변수에 값을 입력하기 위해서는 문자열형을 정수형 또는 실수형으로 변환하여야 한다. 이때 형변환 명령어를 사용할 수 있다. 입력한 값을 정수형으로 변환할 때는 'int'명령을 사용하고 실수형으로 변환할 때는 'float' 명령을 사용한다. 표 3-2는 input 함수의 사용 예를 보여준다.

표 3-2. input 함수의 사용 예

사용 예	의미	비고
input()	값을 입력	문자열
a=input()	값을 입력받아 변수 a에 저장	문자열
a=input("입력값?")	"입력값?"을 출력하고 뒤에 값을 입력	문자열
a=int(input("입력값?"))	"입력값?"을 출력하고 값을 입력한 후에 이를 정수로 변환하여 변수 a에 저장	정수
a=float(input("입력값?"))	"입력값?"을 출력하고 값을 입력한 후에 이를 실수로 변환하여 변수에 저장	정수

1.4 형식에 맞추어 출력하기

print 함수를 사용하여 프로그램에서 계산한 결과값을 출력할 때 보다 다양한 형태로 출력하기 위해 파이썬은 양식문자(형식제어문자)를 지원한다. 양식문자는 출력의 형식을 지정하는 문자로 '%'기호와 알파벳 문자의 조합으로 이루어져 있다. 정수, 실수, 그리고 문자열의 출력양식, 크기 등을 지정하여 출력할 수 있다. 표 3-3은 파이썬에서 지원하는 양식문자의 종류를 보여준다. 문자 'd'는 정수 형태(decimal)로 출력하라는 의미이고, 문자 'f'는 실수 형태(floating point number)로 출력하라는 의미이다.

표 3-3 양식 문자 종류

양식 문자	표현 내용	비고
%d	정수	Decimal
%f	실수	Floating point number
%g	정수 또는 실수	정수, 실수 자동표시
%s	문자열	String
%c	문자	Character
%o	8진수	Octal number
%x	16진수	Hexa decimal number

출력의 형식을 모다 정교하게 하기 위하여 format 함수를 사용할 수 있다. 중괄호({ })와 format함수의 괄호(( ))안의 인자를 이용하여 출력형식을 지정할 수 있다. 표 3-4는 format 함수와 함께 사용할 수 있는 양식문자를 보여준다.

표 3-4 format 함수와 함께 쓰는 양식 문자

코드	의미	예시
d	10진수	"{0:d}".format(1000)
f	실수	"{0:2f}".format(1.2778)
e	지수	"{0:e}".format(1000)
b	2진수	"{0:b}".format(1000)
o	8진수	"{0:o}".format(1000)
x	16진수	"{0:x}".format(1000)

1.5 특수 문자

표 3–5는 기본 출력함수 print를 사용할 때 사용할 수 있는 특수 문자이다. print문의 출력 문자열 내에서 이 기호를 사용하여 특수한 효과를 낼 수 있다. '\n' 기호는 출력할 때 이 기호 위치에서 새로운 줄로 바꾸어 출력하라는 의미이고, '\t'기호는 출력할 때 이 기호 위치에서 한 탭 만큼 띄어서 다음을 출력하라는 의미이다. '\''기호와 '\"'기호는 출력문자열 내에서 작은따옴표와 큰따옴표를 출력하고자 할 때 사용한다. '\\'기호는 출력문자열 내에서 역슬래쉬(\) 문자를 출력할 때 사용한다.

표 3–5 출력 문자열 내에서 사용하는 특수 문자

특수 문자	의미	예시
\n	새로운 줄로 가서 출력 시작	print("홍길동 \n 파이팅!")
\t	탭 띄움	print("홍길동 \t 파이팅!")
\'	작은 따옴표 출력	print("홍길동 \' 파이팅\'")
\"	큰 따옴표 출력	print('홍길동 \" 파이팅\"')
\\	\ 문자 출력	print("홍길동 \\ 파이팅!")

표 3–6은 기본 출력함수 print를 사용할 때 사용할 수 있는 끝 문자 지정 명령이다. print문의 출력 문자열을 출력한 후에 이 명령을 사용하여 끝 부분의 효과를 지정할 수 있다. 표에서 제시된 예시를 따라해보고 효과를 알아보자.

표 3–6 출력 문자열 끝에 사용하는 문자

문자	의미	예시
end='\n'	출력 후 다음 줄로 넘어감	print("홍길동", end='\n') print("파이팅!")
end='\t'	출력 후 탭 띄움	print("홍길동", end='\t') print("파이팅!")
end=' '	출력 후 빈란(스페이스) 띄움	print("홍길동", end=' ') print("파이팅!")

1.6 입출력 응용문제

앞에서 소개한 기본 입출력 함수와 출력 양식을 지정하기 위한 명령들을 예를 통해 기본적인 기능을 익히고, 뒤에 제시되는 입출력 응용문제를 통해 입출력 함수의 사용법을 보다 명확히 이해할 수 있다.

실습

【 학습목표 】

- 알고리즘 편집도구인 랩터를 사용할 수 있다.

- 알고리즘을 작성하고 실행할 수 있다.

- 알고리즘에서 변수와 연산자를 구별할 수 있다.

실습 1. 기본 출력 함수(print)

실습하기 _ 기본 출력 함수: print

- print 함수 이름 + ( ) (괄호)

- 괄호 안에 출력할 내용

- 문자, 문자열, 변수, 상수 등 출력

- 변수, 상수는 정수 또는 실수

- 문자열은 한글, 영문 가능

- 문자, 문자열은 ' ' 또는 " "

상수 값을 출력하기 (자신의 정보)

- 000학과 – 문자열 상수

- 2020001 – 정수 상수

- 홍길동 – 문자열 상수

- 대구시 동성로 1번지 – 문자열 상수

변수 값을 출력하기

- 각 정보를 변수에 입력

- department: 문자열 저장하는 변수

- 각 변수의 값을 출력

- 어느 것이 편리한가?

 기본 출력 함수인 print 함수는 괄호 안의 함수 인자에 출력할 내용을 지정하여 문자, 문자열, 변수, 상수 등 다양한 출력값을 출력할 수 있다. 그림 3-1은 print 함수를 이용하여 기본 자료형을 출력하는 모습을 보여준다. 문자열 "안녕하세요?", 정수 10, 실수 3.14 변수 b 등을 출력하는 모습을 보여준다. 그림 3-2는 상수값을 출력하는 모습을 보여준다. "컴퓨터공학과", "홍길동" 등은 모두 문자열 상수이다. 그림 3-3은 변수값을 출력하는 모습을 보여준다. 'department', 'name', 'address' 는 모두 변수의 이름이다.

```
Python 3.6.5 Shell                                        —    □    ×
File  Edit  Shell  Debug  Options  Window  Help
Python 3.6.5 (v3.6.5:f59c0932b4, Mar 28 2018, 16:07:46) [MSC v.190
0 32 bit (Intel)] on win32
Type "copyright", "credits" or "license()" for more information.
>>> print("안녕하세요?")
안녕하세요?
>>> print("반갑습니다.!~")
반갑습니다.!~
>>> print(10)
10
>>> a=100
>>> print(a)
100
>>> print(3.14)
3.14
>>> b=3.14
>>> print(b)
3.14
>>>
                                                          Ln: 2  Col: 42
```

그림 3-1 print 함수 사용하기

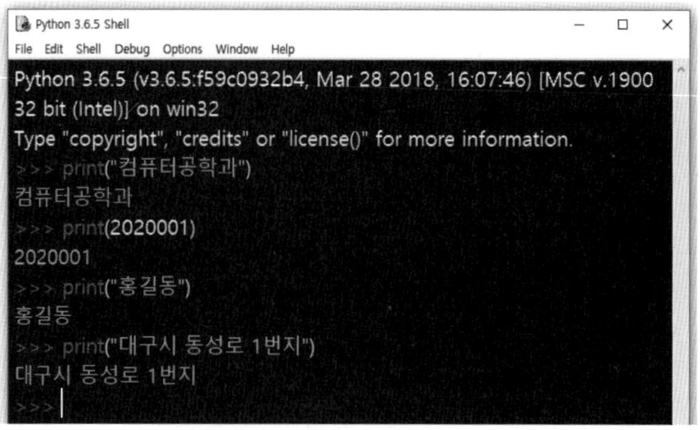

그림 3-2 상수값 출력하기

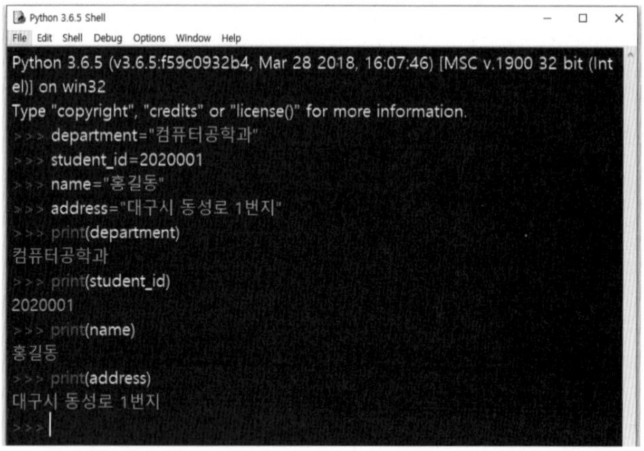

그림 3-3 변수값 출력하기

실습하기 _ 상수와 변수를 함께 출력하기

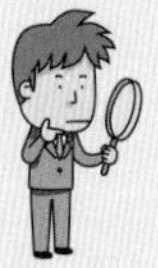

- 괄호 안에 출력할 상수와 변수를 콤마(,) 로 분리하여 나열

- "학과: " – 문자열 상수

- department – 변수

특별한 출력

- 연산식 출력 가능

- \n과 특수문자 포함

- 강조할 문자 ' ' 또는 " "

- 끝문자 넣기: end

그림 3-4는 문자열과 변수를 함께 출력하는 모습을 보여준다. print 함수의 괄호 안 인자에 출력할 문자열 상수와 변수를 콤마로 분리하여 나열하면 된다. 그림 3-5는 출력할 문자열에 특수문자 '\n'과 끝문자를 사용하는 모습을 보여준다. 특수문자 '\n'은 출력을 할 때 줄바꿈(new line)을 실행하라는 의미이고, 끝문자는 앞 인자의 값을 출력한 후에 뒤에 출력할 문자를 나타낸다. 'end=' ''는 앞 인자를 출력한 뒤 줄바꿈을 하지 않고 빈칸(blank space)을 출력하라는 의미이다.

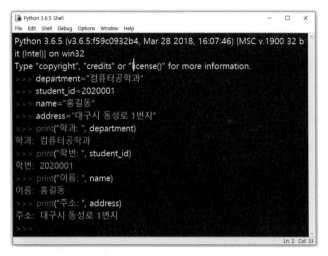

그림 3-4 문자열과 변수를 함께 출력하기

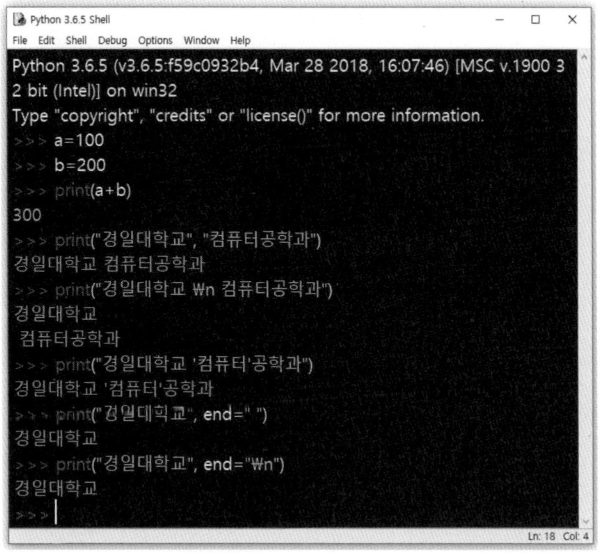

그림 3-5 끝문자 사용하기

실습 2. 기본 입력 함수(input)

실습하기 _ 기본 입력 함수: input

- input 함수 이름 + ( ) (괄호)

- 정수, 실수, 문자, 문자열 입력 가능

- 문자열은 한글, 영문 가능

- 입력값은 변수에 넣어야 사용 가능

기본 입력 함수인 input 함수는 프로그램 안으로 처리할 값을 입력할 때 사용한다. 그림 3-6은 input 함수만을 사용하여 값을 입력받는 경우와 입력받은 값을 'name' 변수에 저장하고 저장한 값을 출력하는 모습을 보여준다.

```
Python 3.6.5 Shell                                              —     □     ×
File  Edit  Shell  Debug  Options  Window  Help
Python 3.6.5 (v3.6.5:f59c0932b4, Mar 28 2018, 16:07:46) [MSC v.19
00 32 bit (Intel)] on win32
Type "copyright", "credits" or "license()" for more information.
>>> input()
홍길동
'홍길동'
>>> name=input()
홍길동
>>> print(name)
홍길동
>>>
                                                              Ln: 10  Col: 4
```

그림 3-6 input 함수 사용하기

실습하기 _ 입력 메시지 출력하기

- 입력 메시지를 출력하고 입력 받기
- input 함수 괄호 안에 메시지 넣기

입력 메시지 출력하기

- 값을 입력하고 출력하기 (쉘 모드)
- 값을 입력하고 출력하기 (편집 모드)
- 어느 것이 편리한가

사용자가 데이터를 입력할 때 입력할 데이터가 무엇인지를 보다 명확하게 하기 위하여 그림 3-7과 같이 입력 메시지를 출력하면서 값을 입력받을 수 있다. 아래 예에서는 이름을 입력하기 전에 '당신의 이름은 무엇인가요?'와 같은 입력 메시지가 출력된다. 입력한 이름 name의 값은 print 함수를 통해 출력된다. 그림 3-8은 쉘 모드에서 input 함수를 사용하여 값을 입력받고 입력받은 값을 출력하는 모습을 보여준다. 그림 3-9는 같은 명령을 편집 모드에서 실행하고 실행한 결과를 보여준다. 실행하고자 하는 명령에 수정을 하여 다시 실행하고자 할 때 편집 모드는 소스 코드를 불러와서 수정하여 실행할 수 있으므로 편리함이 있다.

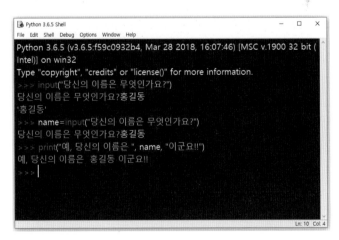

그림 3-7 입력 메시지를 출력하고 입력 받기

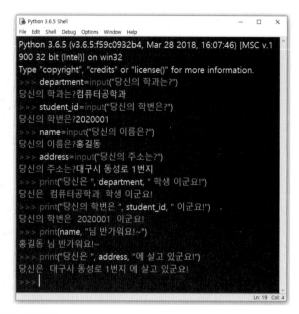

그림 3-8 쉘 모드에서 입력받고 출력하기

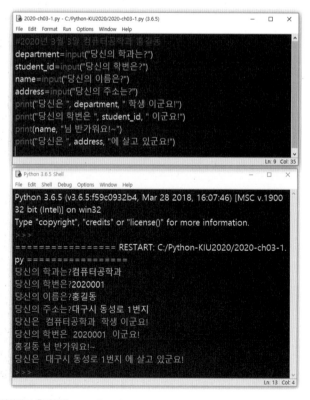

그림 3-9 편집 모드에서 입력받고 출력하기

실습 3. 형식에 맞추어 출력하기

실습하기 _ 양식문자 사용하기

- 양식문자: % + 문자

- %d: 정수 형태로 출력

- %f: 실수 형태로 출력

입력 메시지 출력하기

- input 함수로 입력받은 값은 문자열

- 정수로 출력하려면 형변환 필요: int

- 실수로 출력하려면 형변환 필요: float

출력하고자 하는 수치값을 정수나 또는 실수로 선택하여 출력할 때, 경우에 따라서는 출력할 자리 수 등을 보다 정교하게 하여 정하여 출력할 필요가 있다. 이때 양식문자를 사용할 수 있다. 양식문자는 '%' 기호와 영문자를 조합하여 표현한다. 표 3-1은 파이썬에서 지원하는 양식문자의 종류를 나타낸다. 그림 3-10과 그림 3-11은 양식문자를 사용하지 않고 출력하는 모습을 보여주고 있다. 그림 3-12와 그림 3-13은 양식문자를 사용하여 문자형 데이터를 출력하는 모습을 보여주고 있고, 그림 3-14와 그림 3-15는 양식문자를 사용하여 정수와 실수형 데이터를 출력하는 모습을 보여주고 있다.

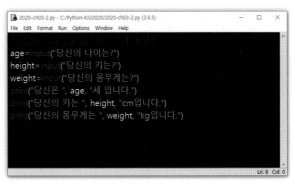

```
age=input("당신의 나이는?")
height=input("당신의 키는?")
weight=input("당신의 몸무게는?")
print("당신은 ", age, "세 입니다.")
print("당신의 키는 ", height, "cm입니다.")
print("당신의 몸무게는 ", weight, "kg입니다.")
```

그림 3-10 양식 문자 없는 경우

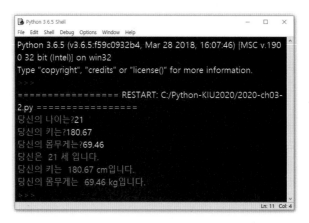

그림 3-11. 양식 문자 없는 경우 실행 결과

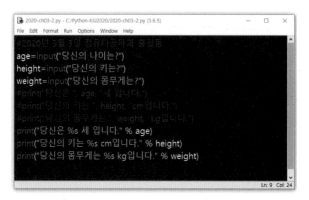

그림 3-12. 양식 문자를 사용하는 경우 (문자형)

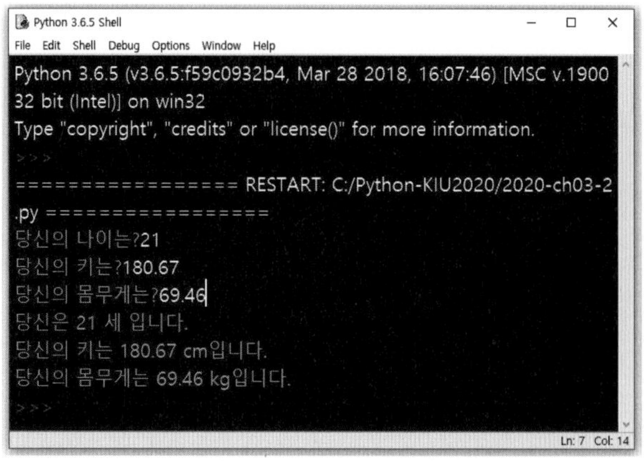

그림 3-13. 양식 문자 있는 경우 실행 결과 (문자형)

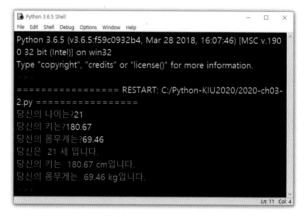

그림 3-14. 양식 문자를 사용하는 경우 (정수/실수형)

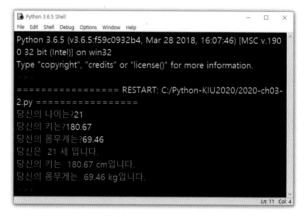

그림 3-15. 양식 문자 있는 경우 실행 결과 (정수/실수형)

실습하기 _ format 함수 사용하기

- { } + .format( )

- { }안에 들어갈 수 있는 양식 문자

- {인자순서: 크기 양식문자}

정수/실수 출력하기

- 정수 출력하기

- 실수 출력하기

format 함수를 사용하여 출력하고자 하는 수치값을 보다 정교하게 하여 출력할 수 있다. format 함수는 앞에 나열된 중괄호({ }) 속의 인자와 format 함수의 괄호(()) 속의 인자를 조합하여 출력 양식을 정한다. 표 3-3은 format 함수와 함께 사용할 수 있는 양식문자를 보여준다. 그림 3-16과 그림 3-17은 format 함수를 기본적으로 사용하는 모습을 보여준다. 그림 3-18과 그림 3-19는 출력할 인자의 순서를 지정하여 출력하는 경우이다. 이때, 중괄호 안의 숫자값은 format 함수 괄호 안에 있는 출력할 변수의 순서를 의미한다. 그림 3-20과 그림 3-21은 정수를 다양한 형태로 출력하는 모습을 보여준다. 문자 'd'는 정수로 출력하라는 의미이고, 숫자 7은 출력할 자리수를 의미하며, 콤마(,)는 정수를 출력할 때 콤마형으로 출력하라는 의미이다.

그림 3-16. format 함수 활용하기

```
Python 3.6.5 Shell
File  Edit  Shell  Debug  Options  Window  Help
Python 3.6.5 (v3.6.5:f59c0932b4, Mar 28 2018, 16:07:46) [MSC
v.1900 32 bit (Intel)] on win32
Type "copyright", "credits" or "license()" for more information.
>>>
================ RESTART: C:/Python-KIU2020/2020-
ch03-3.py ================
당신의 나이는?21
당신의 키는?180.67
당신의 몸무게는?69.46
당신은 21 세 입니다.
당신의 키는 180.67 cm입니다.
당신의 몸무게는 69.46 kg입니다.
>>>
```

그림 3-17. 명령 실행 결과

```
2020-ch03-4.py - C:/Python-KIU2020/2020-ch03-4.py (3.6.5)
File  Edit  Format  Run  Options  Window  Help
#2020년 3월 3일 김규덕교육과 통갈동
age=int(input("당신의 나이는?"))
height=float(input("당신의 키는?"))
weight=float(input("당신의 몸무게는?"))
print("당신은 {0} 세 입니다." .format(age))
print("당신은 {0} cm이고, {1} kg입니다.".format(height,weight))
print("당신은 {1} kg이고, {0} cm입니다.".format(height,weight))
```

그림 3-18. 인자 순서 지정하기

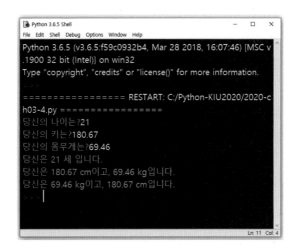

그림 3-19. 명령 실행 결과

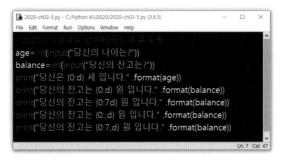

그림 3-20. 다양한 형태로 정수 출력하기

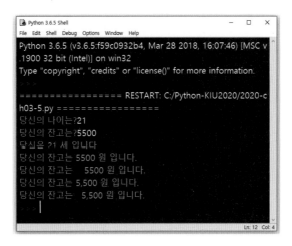

그림 3-21. 명령 실행 결과

핵심 정리

01. 프로그램의 기능을 확대하기 위해 프로그램 외부로부터 값을 입력받고, 프로그램에서 처리한 값을 외부로 출력할 수 있다.

----

02. 입력을 위해 input 함수를 사용할 수 있다. 입력받은 값은 프로그램에서 사용하기 위해 반드시 변수에 저장할 필요가 있다.

----

03. 출력을 위해 print 함수를 사용할 수 있다. 출력할 값은 다양한 형태로 출력할 수 있다. 이를 위해 양식문자를 사용할 수 있고, 보다 정교한 출력 형식을 지정하기 위해 format 함수를 사용할 수 있다.

----

04. input, format은 함수이며, 함수는 특정한 기능을 하는 프로그램 단위이다. input, format 함수는 파이썬 언어에 내장되어 있는 함수이다.

학습 평가

01. "제 이름은 '홍길동'입니다!"를 출력하는 print 문을 작성하시오.

----

02. 5,000 형태로 출력하기 위한 가장 적합한 출력 형식을 고르시오.

① "{ }".format(5000)　　　　　　② "{0:7d}".format(5000)

③ "{0:d}".format(5000)　　　　　　④ "{0:7,d}".format(5000)

----

03. 다음 프로그램을 실행해보고 문제점을 찾으시오.

```
a=input("a=")
b=input("b=")
print(a+b)
```

----

04. 위의 문제점을 해결하도록 프로그램을 수정하시오.

실전 문제

01. 다음과 같이 출력되도록 프로그램을 완성하시오.

```
print("경일대학교", (            ))
print("홍길동")
```

【출력 예】
경일대학교 홍길동

02. 값이 다른 두 수를 입력받아서 큰 수를 구하는 다음 프로그램을 완성하시오.

```
x = (          )(input("첫 번째 정수: "))
y = (          )(input("두 번째 정수: "))
if (              ):
    max = x;
else:
    max = y;
print("큰 수 = ", max);
```

【출력 예】
큰 수 = 33

03. 두 정수를 입력받아 합을 구하는 프로그램을 완성하시오.

```
x=(                    )
y=(                    )
sum=x+y
print(sum)
```

04. 알고리즘에서 나타나는 값들을 저장하는 곳으로 메모리 안에 생성되는 것을 무엇이라고 하는가? (   )

```
print("나는 " + (               ) + "살이다")
```

05. 다음 프로그램을 완성하시오.

```
print("나이를 묻고 출력하기")
age = (          )("당신의 나이를 입력하세요=>")
print("당신은 ", age, "세 입니다.")
```

06. 두 수를 저장한 변수의 값을 서로 교환하여 각 변수의 값을 출력하는 아래의 프로그램을 완성하시오.

```
x=input("x값 입력=>")
y=input("y값 입력=>")
print("교환전: x=", x, ", y=", y)
(               )
(               )
(               )
print("교환후: x=", x, ", y=", y)
```

【 출력 예 】
교환전: x=3, y=5
교환후: x=5, y=3

07. 반지름을 입력받아 원의 면적을 구하는 아래의 프로그램을 완성하시오.

```
radius = (          )(input("원의 반지름을 입력하세요?=>"))
area = (                    )
print("반지름이 ", radius, "인 원의 면적은 ", area,"입니다.")
```

자료형 익히기

【 들어가기 】

- 자료형은 무엇이고 왜 필요한가?

- 파이썬에서 자료형의 종류는 어떤 것이 있는가?

- 정수, 문자는 컴퓨터 내부에서 어떻게 표현하는가?

【 Review 】

[기초 개념]

- 프로그램 입력: 프로그램의 변수에
  값을 입력

- 프로그램 출력: 프로그램에서 계산
  된 값을 외부로 출력

[핵심 내용]

- 기본 출력 함수

  – print 함수 사용, 사용법

  – 정수, 실수 출력하기

  – 문자열 출력하기, 특수문자, 끝문자, 구분문자

- 기본 입력 함수

  – input 함수 사용, 사용법, 입력받은 값을 변수에 저장

  – 입력프롬프트 사용하기

  – 데이터 입력과 형변환

【 생각하기 】

1. 자료형은 무엇인가?

  ☞ 승차권은 1000원 – 1000 – 정수

  ☞ 몸무게는 70.5kg – 70.5 – 실수

  ☞ 이름은 홍길동 – "홍길동" – 문자열

2. 자료형은 왜 필요한가?

  ☞ 자료의 효율적인 저장과 처리

이론

【 학습목표 】

· 자료형의 필요성과 종류를 이해할 수 있다.

· 숫자의 표현 방법을 이해할 수 있다.

1.1 변수와 자료형

변수는 프로그램에서 값을 저장하기 위한 공간을 말한다. 저장할 값의 형태는 정수, 실수, 문자열 등 다양하다. 프로그램에서 사용할 다양한 형태의 값은 변수라는 공간에 저장하여 계산에 이용하며 계산한 결과값을 출력할 때도 사용한다. 파이썬은 C언어와 달리 변수의 자료형 선언이 없다. 즉 C언어에서는 다양한 형태의 값을 변수에 저장할 때, 저장할 값의 형태에 따라 변수를 해당 형태의 자료형으로 선언해야만 한다. 하지만, 파이썬에서는 변수의 자료형 선언이 필요하지 않고, 변수에 저장되는 값의 형태에 따라 변수의 자료형이 자동으로 지정된다. 표 4-1은 변수 사용 예를 보여준다.

표 4-1. 변수 사용 예

변수 사용 예	변수	변수의 자료형	상수
year = 2020	year	정수(int)	2020
age = 20	age	정수(int)	20
pi = 3.14	pi	실수(float)	3.14
name = "홍길동"	name	문자열(str)	"홍길동"
a = a + 1	a	정수(int)	1

1.2 자료형 지정하기

상수(Literals)는 일상생활에서 사용하는 다양한 값을 말한다. 상수 값은 문제에 따라 변수에 값을 지정할 때 사용한다. 예를 들어 'year=2020' 명령문은 2020이라는 정수형 상수를 변수 'year'에 값을 저장하라는 의미를 가진다. 이때 변수 'year'는 정수형 변수가 된다. 때에 따라서는 어떤 형태의 상수 값을 다른 형태의 값으로 변경할 필요가 있다. 예를 들어 input 함수를 통해서 입력한 값은 문자열 형태의 값이지만, 이를 산술 연산에 사용하여야 할 경우, 이를 정수 형태의 값으로 변경하는 것이 필요하다. 이때 int, float, str과 같은 자료형 변환함수를 사용할 수 있다. 표 4-2는 자료형 변환 예를 보여준다.

표 4-2. 자료형 변환 예

자료형 변환 예	변환 자료형	결과값
int(3.14)	정수(int)	3
float(3)	실수(float)	3.0
str(100)	문자열(str)	'100' (문자열)
pi = 3.14 int(pi)	정수(int)	3
age=20 float(age)	실수(float)	20.0
a=int(input())	정수(int)	입력값을 정수로 변환하여 변수 a에 저장

1.3 정수표현 방법 알아보기

정수는 소수점과 소수점이하 수를 가지지 않는 숫자이다. 컴퓨터는 두 가지의 전기적 신호에 따라 동작하므로 두 가지 신호를 표현하는 2진수(0과 1로 표현)를 사용한다. 따라서 정수값이 컴퓨터 내부에서 처리되기 위해서는 2진수로 표현되어야 한다. 우리가 작성한 파이썬 프로그램은 해석과정을 거쳐 컴퓨터가 실행하기에 적합한 2진수 형태로 변환된다. 정수를 2진수 형태로 표현하는 방법과 더불어 2진수를 줄여서 표현할 수 있는 8진수와 16진수로 표현하는 방법을 알 필요가 있다. 8진수는 2진수 세 지리를 하나의 숫자로 표현하며 16진수는 2진수 네 자리를 묶어서 하나의 숫자로 표현한다. 표 4-3은 정수표현 예를 보여준다.

표 4-3 정수 표현 예

10진수	2진수(8비트)	8진수	16진수
10	0000 1010	012	A
11	0000 1011	013	B
15	0000 1111	017	F
16	0001 0000	020	10
17	0001 0001	021	11

1.4 문자표현 방법 알아보기

문자도 컴퓨터에 의해 처리되어야 하므로 2진수로 표현하여야 한다. 영문자를 2진수로 표현하기 위해 그림 4-1과 같은 ASCII(American Standard Code for Information Interchange) 코드라는 문자마다 정해진 2진수 표현을 사용한다. 예를 들어 대문자 'A'는 2진수 '01000001'과 같이 표현한다. 문자 'A'에 대한 2진수 표현을 10진수로 계산하면 정수 65가 된다. 문자에 대한 2진수 표현은 코드 체계를 이해하는 데 도움이 되므로 알아둘 필요가 있다. 문자를 2진수로 표현하거나 2진수를 문자로 표현할 때 파이썬에서는 ord, chr과 같은 함수를 이용할 수 있다. 한글문자는 'unicode'체계를 사용하며 한 문자당 2바이트(byte)가 필요하다.

		0	1	2	3	4	5	6	7	8	9	A	B	C	D	E	F
		0000	0001	0010	0011	0100	0101	0110	0111	1000	1001	1010	1011	1100	1101	1110	1111
0	000	NULL	SOD	STX	ETX	EOT	ENQ	ACK	BEL	BS	HT	LF	VT	FF	CR	SO	SI
1	001	DLE	DC1	DC2	DC3	DC4	NAK	SYN	ETB	CAN	EM	SUB	ESC	FS	GS	RS	US
2	010	SP	!	"	#	$	%	&	'	(	)	*	+	,	−	?	/
3	011	0	1	2	3	4	5	6	7	8	9	:	;	〈	=	〉	?
4	100	@	A	B	C	D	E	F	G	H	I	J	K	L	M	N	O
5	101	P	Q	R	S	T	U	V	W	X	Y	Z	[	₩	]	^	_
6	110	`	a	b	c	d	e	f	g	h	i	j	k	l	m	n	o
7	111	p	q	r	s	t	u	v	w	x	y	z	{			}	~	DEL

그림 4-1 ASCII 코드표

1.5 자료형 응용문제

기본적인 자료형의 종류와 자료형의 지정방법을 익히고 다양한 응용문제를 통해 자료형의 사용방법을
익혀나갈 수 있다. 입력받은 값을 정수형 또는 실수형으로 변환하기, 알파벳과 ASCII 코드값 출력하기,
대문자를 소문자로 바꾸어 출력하기 등과 같은 문제를 통해 자료형의 사용방법을 익힐 수 있다.

실습

【 학습목표 】

• 변수의 자료형을 지정하는 방법을 이해할 수 있다.

• 정수를 컴퓨터 내부에서 표현하는 방법을 이해할 수 있다.

• 문자를 컴퓨터 내부에서 표현하는 방법을 이해할 수 있다.

실습 1. 변수와 자료형 확인하기

실습하기 _ 파이썬에서의 자료형

- C언어와 달리 파이썬 변수는 자료형이 없음

- 변수에 값을 넣으면 자료형 자동지정

- type 함수로 변수의 자료형 알아보기

- 정수형: int

- 실수형: float

- 문자열형: str

쉘 모드에서 변수에 정수형, 실수형, 문자열형 상수값을 저장하고 변수의 자료형을 출력해볼 수 있다.
그림 4-2와 같이 type 함수를 사용하여 자료형을 확인할 수 있다.

```
Python 3.6.5 Shell                              —   □   ×
File  Edit  Shell  Debug  Options  Window  Help
Python 3.6.5 (v3.6.5:f59c0932b4, Mar 28 201
8, 16:07:46) [MSC v.1900 32 bit (Intel)] on wi
n32
Type "copyright", "credits" or "license()" for m
ore information.
>>> age=21
>>> type(age)
<class 'int'>
>>> height=180.67
>>> type(height)
<class 'float'>
>>> name="홍길동"
>>> type(name)
<class 'str'>
>>> |
                                                Ln: 12  Col: 4
```

그림 4-2. 파이썬에서의 자료형

실습 2. 자료형 지정하기

실습하기 _ 자료형 지정이 필요한 경우

- 옆의 예에서 오류 발견하기

- 왜 오류가 발생하는가?

- 우리는 정수가 입력될 것으로 생각

- 실제 input 함수 입력값은 문자열임

- 따라서 생각과 실제의 차이 발생

- 문자열끼리 뺄셈(−)을 할 수 없으므로 오류

변수를 정수형으로 지정하기

- input 함수로 입력받은 값은 문자형

- 문자형을 정수형으로 변환 필요

- 이때 사용하는 함수: int

- int(정수형)으로 변환된 값이 변수에저장

- 정수형은 서로 뺄셈을 할수 있으므로 오류없이 실행됨

변수를 실수형으로 지정하기

- 원의 반지름과 파이값을 입력하여 원의 면적을 구하는 문제

- 자료형 지정하지 않아 오류 발생

- department – 변수

그림 4-3 코드는 어떤 사람의 태어난 연도와 현재 연도 데이터를 입력 받아 나이를 출력하는 것이다. 나이를 구하기 위해서는 입력받은 두 가지의 연도 정보에 대한 뺄셈을 하여야 한다. 이 코드를 저장하고 실행하면 오류가 발생한다. 문자형 자료는 뺄셈을 할 수 없다는 오류메시지이다. 왜 이와 같은 오류가 발행하였을까? input 함수를 통해 입력받은 값은 기본적으로 문자열형의 자료이기 때문이다. 문자열형 데이터는 수치값이 아니므로 뺄셈을 할 수 없기 때문이다. 따라서 문자열형 데이터를 계산이 가능한 수치값으로 바꾸어야 한다. 그림 4-4는 input 함수를 통해 입력한 값을 정수형으로 변환하기 위해 'int' 함수를 사용하는 모습을 보여준다. 그림 4-5는 입력한 값을 정수형 또는 실수형으로 변환할 필요가 있는 코드이다. 그림 4-6과 같은 오류가 발생한다. 따라서 그림 4-7과 같이 'int'함수와 'float'함수를 이용하여 적절한 자료형으로 변환해 보자.

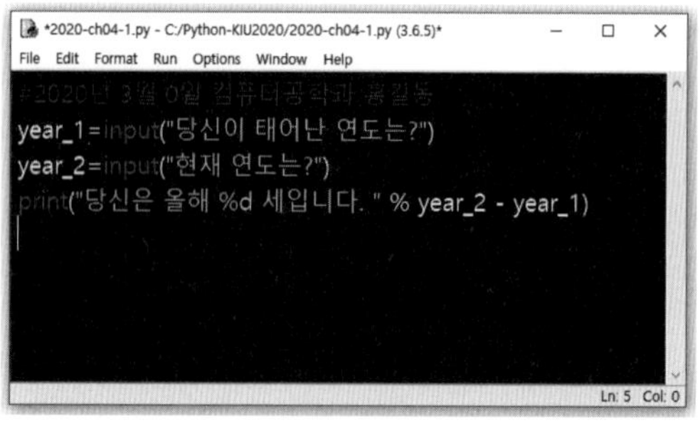

그림 4-3. 정수형 지정이 필요한 경우

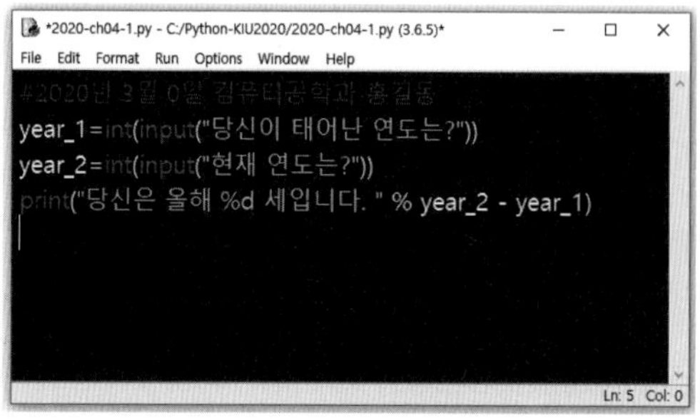

그림 4-4. 정수형 지정하기

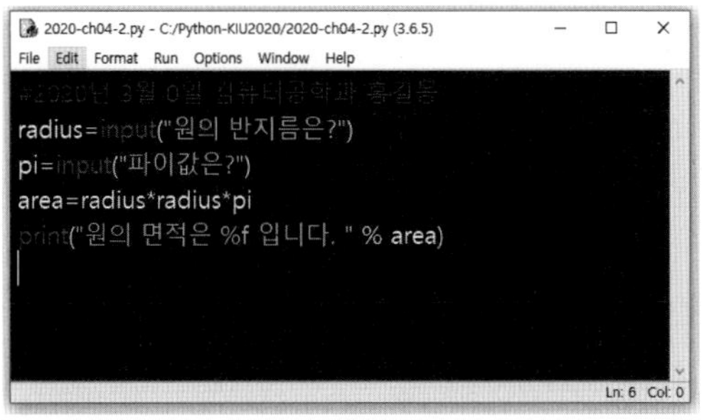

그림 4-5. 정수형/실수형 지정이 필요한 경우

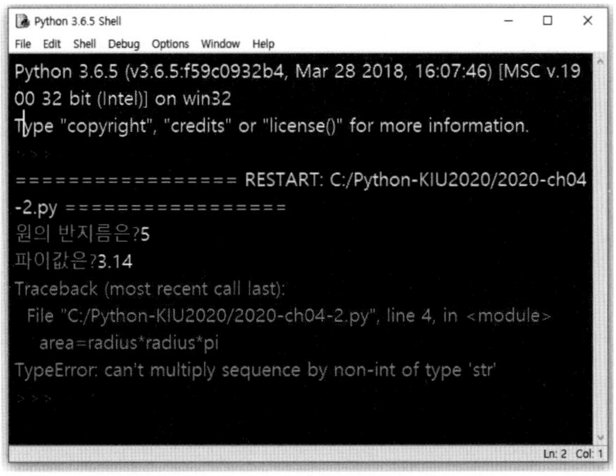

그림 4-6. 오류 메시지

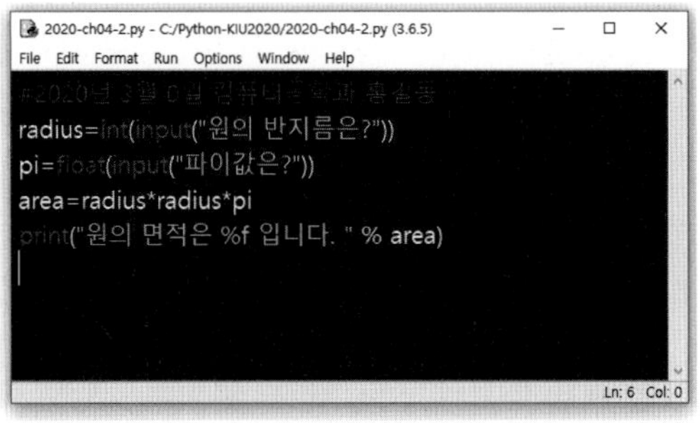

그림 4-7. 실수형 지정하기

실습 3. 정수의 표현방법 알아보기

실습하기 _ 2진법 필요성

- 컴퓨터는 두 가지 (전기 흐름/흐르지않음) 신호의 세기에 따라 작동함

- 이런 두 가지 신호 표현위해 2진수필요

- 사람이 일상생활에서 사용하는 숫자체계는 10진법, 컴퓨터는 2진법 사용

- 10진수 ─〉 2진수로 변환하기

10진수를 2진수로 변환하기

- 1 (10) ─〉 0000 0001 (2)

- 5 (10) ─〉 0000 0101 (2)

- 21 (10) ─〉 0001 0101 (2)

10진수를 8진수로 변환하기 (2진수3자리)

- 1 (10) ─〉 00 000 001 (2) ─〉 001 (8)

- 5 (10) ─〉 00 000 101 (2) ─〉 005 (8)

- 21 (10) ─〉 00 010 101 (2) ─〉 025 (8)

10진수를 16진수로 변환하기(2진수4자리)

- 1 (10) ─〉 0000 0001 (2) ─〉 01 (16)

- 5 (10) ─〉 0000 0101 (2) ─〉 05 (16)

- 21 (10) ─〉 0001 0101 (2) ─〉 15 (16)

컴퓨터는 두 가지 전기적인 신호에 따라 작동한다. 따라서 두 가지 신호를 표현하는 2진수 체계가 필요하다. 10진수를 2진수로 표현하기 위해서는 10진수를 2로 나눈 나머지를 역순으로 취하면 된다. 위의 예에서 10진수 5는 2진수로 표현하면 '0000 0101'이 된다. 2진수를 8진수로 표현할 수 있다. 2진수 3자리를 묶어서 8진수 한 자리로 표현한다. 예를 들어 2진수 '0000 0101'은 8진수 '005'로 표현할 수 있다. 2진수를 16진수로도 표현할 수 있는데, 2진수 4자리를 묶어서 16진수 한 자리로 표현할 수 있다. 예를 들어 2진수 '0000 0101'은 16진수 '05'로 표현할 수 있다.

실습하기 _ bin 함수 사용하기

- bin함수를 사용하여 변수의 2진수 표현 출력해보기

- 21 (10) -> 0b10101 과 같이 출력

- int 함수 사용하여 2진수를 다시 10진수로 변환하여 출력해보기

getsizeof 함수 사용하기

- sys 모듈에 있는 getsizeof 함수를 이용하여 변수의 메모리 크기 알아보기

- 파이썬 변수는 C언어의 변수와 같이 자료형의 크기가 확정되어 있지 않음

- 파이썬 변수는 값의 크기에 따라 메모리 크기가 동적으로 변경

파이썬에서 10진수 정수에 대한 2진수 표현을 알아보기 위해서는 bin 함수를 사용할 수 있다. 반대로 2진수 표현을 10진수로 나타내기 위해서는 int 함수를 사용한다. getsizeof 함수는 변수의 크기를 바이트 단위로 출력한다. 그림 4-8과 그림 4-9는 이들 함수의 사용 예를 보여준다.

```
2020-ch04-3.py - C:/Python-KIU2020/2020-ch04-3.py (3.6.5)         —   □   ×
File  Edit  Format  Run  Options  Window  Help

import sys
age=21
print("2진수표현: ",bin(age))
print("변수의 크기: ",sys.getsizeof(age))
print("2진수로 10진수로 출력하기: ", int('10101',2))
                                                          Ln: 3  Col: 6
```

그림 4-8. input 함수 사용하기

```
Python 3.6.5 Shell                                               —   □   ×
File  Edit  Shell  Debug  Options  Window  Help

Python 3.6.5 (v3.6.5:f59c0932b4, Mar 28 2018, 16:07:46) [
MSC v.1900 32 bit (Intel)] on win32
Type "copyright", "credits" or "license()" for more informati
on.

=================== RESTART: C:/Python-KIU2020/2
020-ch04-3.py ===================
2진수표현:  0b10101
변수의 크기:  14
2진수로 10진수로 출력하기:  21
                                                          Ln: 8  Col: 4
```

그림 4-9. 실행 결과

실습 4. 문자의 표현방법 알아보기

실습하기 _ 문자를 2진수로 표현하기

- 문자도 컴퓨터에서 처리하기 위해서는 2진수 표현이 필요함

- 문자는 어떻게 2진로 표현할까?

- 문자의 2진수 표현은 정해져 있다

ASCII 코드

- 문자의 2진수 표현을 정해놓은 코드

- 문자 하나를 8비트 2진수로 표현

- 예, A –> 65, a –> 97

ord 함수 사용하기

- 문자를 해당 ASCII 코드로 변환

- 예, ord("A") –> 65

- 예, ord("a") –> 97

chr 함수 사용하기

- 해당 숫자에 대응하는 문자 변환

- 예, chr(65) –> A

- 예, char(97) –> a

영문자와 특수문자를 2진수로 표현하기 위해서는 그림 4–9와 같은 ASCII 코드표를 이용한다. 이는 각 문자에 대한 2진수 표현을 정해놓은 표이다. 예를 들어 소문자 'a'는 2진수 '0110 0001'로 표현한다. 2진수 '0110 0001'은 10진수로 97에 해당한다. 문자에 해당하는 10진수 값을 알기위해서는 ord 함수를 이용하고, 10진수 값에 해당하는 문자를 알기위해서는 chr 함수를 이용한다. 그림 4–10은 ord 함수와 chr 함수의 사용 예를 보여주고, 그림 4–11은 실행 결과를 보여준다.

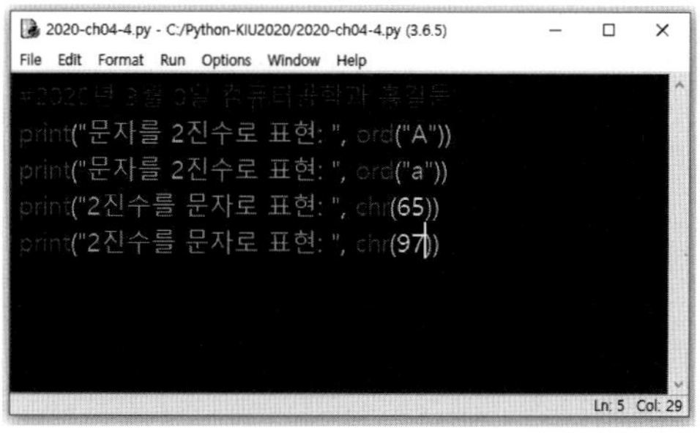

그림 4–10. ord, chr 함수 사용하기

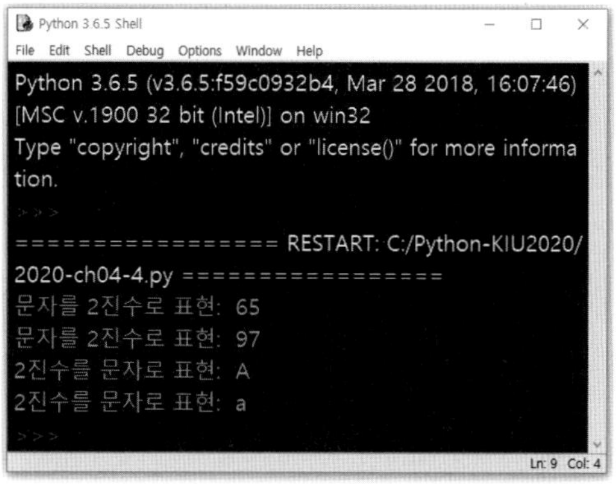

그림 4–11. 실행 결과

실습하기 _ 한글 문자를 2진수로 표현하기

- 한글은 파이썬에서 Unicode 사용

- 한글 한글자당 2바이트 필요

- 예, ord("한") -> 54620

문자열을 2진수로 표현하기

- 문자열은 문자의 연속

- 문자열에 포함된 문자 하나하나를 2진수로 표현하여 문자열 전체의 표현얻음

- 문자열 연산: "aaa"+"bbb" = "aaabbb"

한글 문자도 2진수로 표현할 수 있다. 한글은 영문자와 달리 'Unicode'를 사용하며 한글 한글자당 2바이트로 표현한다. 한글 문자에 대한 10진수 값을 알아보기 위해서는 영문자와 마찬가지로 ord 함수를 사용한다. 문자열도 2진수로 표현할 수 있다. 문자열은 문자의 연속이므로 문자열을 구성하는 각 문자를 2진수로 표현하고 이를 연결하면 문자열에 대한 2진수 표현을 얻을 수 있다.

핵심 정리

01. 파이썬에서 변수의 자료형은 입력되는 값에 따라 결정된다. 자료형은 정수형(int), 실수형(float), 문자열형(string)이 가능하다.

02. input 함수를 이용해서 입력받은 값은 문자열 형태로 변수에 저장된다. 정수값이나 실수값을 프로그램에 입력하기 위해서는 자료형 변환함수가 필요하다. int 함수는 정수형 변환에 사용되고, float 함수는 실수형 변환에 사용된다.

03. 컴퓨터는 두 가지 신호의 세기에 따라 작동하므로 컴퓨터에서 실행되는 프로그램은 0과 1로 표현되는 2진수로 자료와 프로그램을 표현할 필요가 있다. 따라서 일상생활에서 사용하는 10진법 숫자체계를 2진수로 표현할 수 있어야 하고, 2진 숫자 여러 개를 묶은 8진수와 16진수로도 표현할 수 있어야 한다.

04. 영문자는 ASCII 코드로, 한글은 Unicode를 사용하여 각각 1바이트, 2바이트 2진수로 표현하며, 문자열은 문자의 연속이므로 각 문자를 2진수로 표현하여 연결하여 표현한다.

학습 평가

01. 십진수 35를 2진수, 8진수, 16진수로 변환하시오.

----

02. 문자를 해당 ASCII 코드로 변환하는 함수는 무엇인가?

① chr   ② ord

③ asc   ④ int

----

03. 변수 grade 에 4.5라는 실수형 값을 입력 받기 위한 명령을 써보시오.

----

04. 반지름과 파이값을 입력받아 원의 면적과 둘레를 구하는 프로그램을 작성하시오.

실전 문제

01. 'A'의 아스키코드 값을 알아보기 위한 적절한 명령은? (   )

    ① chr(65)   ② ord("A")

    ③ ascii("A")   ④ char("A")

02. print(int('000110'),2))의 결과값을 적으시오.

----

03. 다음 코드의 결과값을 적으시오. (   )

```
total=100
number=3
result=total//number
remain=total%number
print(result, remain)
```

04. 다음 프로그램을 완성하시오.

```
price=(          )(input("상품의 가격을 입력하세요?"))
amount=(          )(input("수량을 입력하세요?"))
total=price*amount
print("지불할 금액은 ", total, "원입니다.")
```

05. 현금이 5000원이고 티켓이 120원일 때, 살 수 있는 티켓의 수와 남은 돈을 출력하는 프로그램을 완성하시오.

```
myMoney = 5000;
ticketPrice = 120;
# 최대한 살 수 있는 티켓 수
numTickets = (                    )
print(numTickets)
# 최대한 티켓을 구입하고 남은 돈
change = (                    )
print(change)
```

【 출력 예 】
```
41
80
```

06. 원금이 1000원이고 이자가 연 2% 일 때, 20년간 저축하였을 때 얻을 수 있는 금액을 계산하여 출력하는 아래의 프로그램을 완성하시오.

```
init_money=1000
interest=0.02
years=20
total=(                              )
print("금액: ",total, "원")
```

【 출력 예 】
```
금액  20400원
```

07. 다음 프로그램의 문제점을 찾으시오. 그 문제점을 해결하시오.

```
r=int(input("원의 반지름은?"))
PI=3.14
area=r*r*PI
print("원의 면적은 ", area, "입니다.")
#-----------------
r=int(input("원의 반지름은?"))
PI=3.15
area=r*r*PI
print("원의 면적은 ", area, "입니다.")
```

05

조건문 활용하기

【 들어가기 】

- 조건문은 왜 필요한가?

- 파이썬에서 조건문은 어떻게 구성하고 사용하는가?

- 파이썬 조건문에는 어떤 것이 있고 어떻게 사용하는가?

【 Review 】

[기초 개념]

- 변수 : 프로그램에서 값을 저장하기 위한 공간

- 값의 형태 : 정수, 실수, 문자 -> 자료형

[핵심 내용]

- 자료형 관련

  - 자료형 변환 함수 : int, float, str

  - 파이썬에서 변수는 자료형 지정이 필요 없음

  - 문변수의 자료형 지정이 반드시 필요한 경우 자료형 변환 함수 사용

- 자료형 표현

  - 정수 : 2진수로 표현, 8진수, 16진수 표현도 알아두기

  - 문자 : 2진수로 표현, ASCII코드 사용, 한글은 Unicode 사용

  - 문자열은 문자의 연속

【 생각하기 】

1. 조건문이란

> ☞ 값의 크기 비교를 하여 실행할 문장을 선택하는 형태의 문장 구조

> ☞ 예, 만18세이상이면 투표권있음 출력

> ☞ 조건문 표현 : 만약 나이>=18 이면 "투표권있음" 출력

2. 조건문은 왜 필요한가?

> ☞ 선택 구조의 구현

이론

【 학습목표 】

• 명령의 처리 형태를 이해하고 조건문의 필요성을 이해할 수 있다.

• 조건문을 구성하는 비교연산자와 논리연산자를 이해할 수 있다.

1.1 알고리즘과 조건문

알고리즘은 명령의 처리 순서를 의미한다. 명령의 처리 형태는 그림 5-1과 같은 순차, 선택, 반복 등 3가지 형태를 가진다. 이 중에서'선택'은 조건에 따라 실행할 문장을 선택하는 구조이다. 조건문은 선택 구조에서 실행 문장을 선택할 때 사용하는 문장이다. 예를 들어 '만약 학점이 4.0이상이면 장학생 그렇지 않으면 일반학생 지정'과 같은 문장은 선택 구조가 필요한 문장이고, 조건문을 포함한다. 이러한 조건문을 코드로 표현하기 위해서는 비교연산자와 논리연산자가 필요하다. 위의 문장을 비교연산자를 이용하여 표현하면 '만약 학점 〉= 4.0, 학생="장학생"그렇지 않으면 학생=:일반학생"'과 같이 나타낼 수 있다.

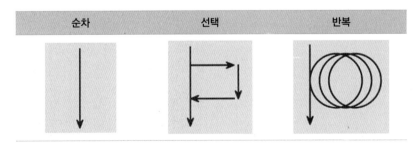

그림 5-1 명령의 처리 형태

1.2 비교연산자

비교연산자는 조건문을 표현하기 위한 연산자이다. 파이썬에서는 표 5-1과 같은 6가지의 비교연산자를 제공한다. 비교연산자는 두 개 값의 크기를 비교하기 위한 연산자이다. 예를 들어 'a >= b'라는 문장은 'a 값의 크기가 b 값의 크기와 같거나 큰가'라는 조건을 표현한 문장이다. 비교연산자를 이용한 조건문의 계산 결과는 참(true)과 거짓(false)로 나타낼 수 있다. 위의 예에서 a의 값이 5이고 b의 값이 3이라면 조건식의 결과 값은 참이 된다.

표 5-1. 비교연산자

비교연산자	사용 방식	의미
=	a = b	a와 b는 같은가
!=	a != b	a와 b는 같지 않은가
>	a > b	a는 b보다 큰가
>=	a >= b	a는 b보다 크거나 같은가
<	a < b	a는 b보다 작은가
<=	a <= b	a는 b보다 작거나 같은가

1.3 논리연산자

논리연산자는 복합적인 조건문을 표현하기 위한 연산자이다. 파이썬에서는 표 5-2와 같은 3가지의 논리연산자를 제공한다. 논리연산자는 비교연산자를 포함한 조건문 사이의 논리적인 참과 거짓을 판단할 때 사용한다. 예를 들어 '만약 필기점수가 60점 이상이고 실기점수가 80점 이상이면 합격 그렇지 않으면 불합격'라는 문장은 복합적인 조건문으로 논리연산자가 필요하다. 이를 논리연산자를 이용해서 표현하면 '만약 필기점수>=60 and 실기점수>=80, 판단="합격" 그렇지 않으면 판단="불합격"'이 된다.

표 5-2. 논리연산자

논리연산자	사용 방식	의미
and	조건1 and 조건2	두 조건이 모두 참이면 참
or	조건1 or 조건2	두 조건 중 하나라도 참이면 참
not	not 조건	조건의 반대, 즉 조건이 참이면 거짓

1.4 if else 문 사용하기

if else 문은 선택 구조를 표현하기 위한 문장 구조이다. 그림 5-2는 if else 문의 구조를 나타낸다. 그림과 같이 if 다음에 조건문을 두고 조건문의 실행결과가 참인지 거짓인지에 따라 실행할 문장을 선택하는 구조이다. 문법적인 측면에서는 조건문과 else 다음에 콜론(:)을 반드시 붙여야 하고, 참일 때 실행할 문장 또는 거짓일 때 실행할 문장은 반드시 들여쓰기를 해야 한다.

if else 문의 구조
if 조건문 :
참일 때 실행할 문장
else :
거짓일 때 실행할 문장

그림 5-2. if else 문의 구조

1.5 if elif else 문 사용하기

조건문을 연쇄적으로 판단하여 참 또는 거짓 결과값에 따라 수행해야하는 문장을 선택할 경우에 그림 5-3과 같은 if elif else 문 구조를 사용한다. 예를 들어 시험점수가 90점 이상이면 'A'등급, 80점 이상이면 'B'등급, 70점 이상이면 'C'등급, 60점 이상이면 'D'등급 그 이하면 'F'등급을 부여하고자 할 때, 시험점수의 크기를 비교할 수 조건문을 만들어 연쇄적으로 비교해나가면서 시험점수에 해당하는 등급을 부여하여야 한다.

if elif else 문의 구조
if 조건문1 :
조건문1이 참일 때 실행할 문장
elif 조건문2 :
조건문2가 참일 때 실행할 문장
...
elif 조건문n :
조건문n이 참일 때 실행할 문장
else :
거짓일 때 실행할 문장

그림 5-3. if elif else 문의 구조

실습

【 학습목표 】

· 문제에 따라 비교연산자와 논리연산자를 조합하여 조건식을 만들 수 있다.

· if else 문을 활용하여 선택 형태의 프로그램을 작성할 수 있다.

· if elif else 문을 활용하여 연쇄적 선택 형태의 프로그램을 작성할 수 있다.

실습 1. 비교/논리 연산자 확인하기

실습하기 _ 명령의 처리 형태

- 프로그램의 논리적 흐름

- 순차 구조, 선택 구조, 반복 구조

비교연산자

- 조건식(조건문)을 표현하기 위한 연산자

- 비교연산자의 종류 – 6가지

논리연산자

- 복합조건식을 표현하기 위한 연산자

- 논리연산자의 종류 – 3가지

명령의 처리 구조는 프로그램의 논리적 흐름이라고 할 수 있다. 3가지의 명령의 처리 구조를 눈으로 익히자. 표 5-1의 비교연산자와 표 5-2의 논리연산자의 의미를 익히도록 하자. 이어지는 실습을 통해 비교연산자와 논리연산자를 이용한 예를 학습하자.

실습하기 _ 사례1: 비교연산자가 필요한 경우

- 문제: 점수가 60점 이상이면 합격 그 이하면 불합격

- 사고: 점수가 60점 이상인가를 판단하는 조건식 필요

- 해결: 점수 >= 60

사례2: 논리연산자가 필요한 경우

- 문제: 필기점수가 80점 이상이고 실기점수가 80점 이상이면 합격 그렇지 않으면 불합격

- 사고: 필기점수가 80점 이상이고 실기점수가 80점 이상인가를 판단하는 복합조건식 필요

- 해결: 필기점수 >= 60 그리고 실기점수 >= 80

사례1에 대한 문제해결 알고리즘

- 점수 입력

- 만약 (점수 >= 60)

- 참이면 합격 출력

- 거짓이면 불합격 출력

사례2에 대한 문제해결 알고리즘

- 필기점수와 실기점수 입력

- 만약 (필기점수 >= 60 그리고 실기점수 >= 80)

- 참이면 합격 출력

- 거짓이면 불합격 출력

비교연산자가 필요한 경우를 생각해보자. 위의 예와 같이 문제, 사고, 해결 순서에 맞추어 자신이 생각한 예를 기술해보자. 논리연산자가 필요한 경우도 생각해보자. 역시 문제, 사고, 해결 순서에 맞추어 자신의 예를 기술해보자. 위에는 각 사례에 대한 문제해결 알고리즘이 제시되어 있다. 이러한 알고리즘은 파이썬 코딩을 위한 기초 자료가 된다. 다음 실습에서 이러한 선택 구조의 문장을 파이썬 코드로 바꾸는 과정을 다루게 된다.

실습 2. if else 문 사용하기

실습하기 _ if else 문이 필요한 경우

- 두 가지 처리 명령 중 하나를 선택하는 문제를 구현할 때 사용
- 앞의 문제 1과 문제 2 두 가지 중 하나를 선택하는 문제임
- 조건식이 참이면 합격 처리, 거짓이면 불합격 처리

if else 문을 사용할 때 주의할 점

- 조건식은 괄호 안에 (옵션) 표현
- 조건식 다음에는 반드시 콜론 (:)
- else 다음에는 반드시 콜론 (:)
- if 아래 그리고 else 아래 문장은 반드시 들여쓰기

선택 구조의 문장을 파이썬에서는 if else 문장으로 표현한다. if else 문장의 구조는 앞서 학습한 그림 5-2와 같다. 위에는 if else 문이 필요한 경우와 if else 문을 사용할 때 주의할 점이 제시되어 있다. 그림 5-4는 선택 구조를 if else 문으로 표현한 예이다. 점수를 입력받아 60점 이상이면 합격을 출력하고 그렇지 않으면 불합격을 출력하는 문제이다.

그림 5-4. if else 문 사용 예

실습하기 _ 랩터를 이용해서 알고리즘 이해하기

- 앞에서 배웠던 랩터를 이용해서 if else 형태의 알고리즘의 논리적 흐름을 이해하기

- start에서 알고리즘이 시작

- 다음으로 점수를 입력받음

- 다음으로 조건식을 실행하여 참 또는 거짓을 판단함

- 참일 경우 "합격" 출력

- 거짓일 경우 "불합격" 출력

앞서 학습한 랩터를 이용하여 선택 구조 형태의 알고리즘에서 논리적 흐름을 익힌다. 그림 5-5는 그림 5-4와 같은 프로그램을 순서도 알고리즘으로 표현한 것이다. 조건문 'score>=60'을 실행하였을 때 결과값이 참인지 아니면 거짓인지에 따라 실행하는 문장이 달라지는 구조이다.

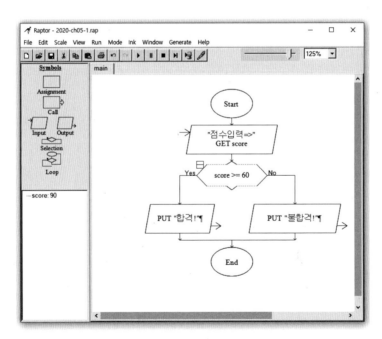

그림 5-5. input 함수 사용하기

실습 3. if elif else 문 사용하기

실습하기 _ if elif else 문이 필요한 경우

- 하나의 자료값에 대하여 다양한 (3가지 이상) 처리가 가능한 선택 문제를 구현할 때 사용

- 점수가 90이상이면 A학점, 80점 이상이면 B학점, 70점 이상이면 C학점, 60점 이상이면 D학점 그이하면 F학점 부여하는 문제

- 점수를 연쇄적으로 비교하여 점수에 해당하는 학점 부여

if elif else 문을 사용할 때 주의할 점

- 앞의 else와 바로 뒤의 if를 합하여 elif 키워드 사용

- if, elif 다음의 조건식 다음에는 반드시 콜론 (:)

- else 다음에는 반드시 콜론 (:)

- if 아래, elif 아래 그리고 else 아래 문장은 반드시 들여쓰기

선택 구조를 표현하는 또 다른 문장은 if elif else 구조이다. 이는 조건문을 연쇄적으로 판단하여 참 또는 거짓 결과값에 따라 수행해야하는 문장을 선택할 경우에 사용한다. 위의 예와 같이 점수를 연쇄적으로 비교하여 점수에 해당하는 학점을 부여하는 경우에 적합하다. 그림 5-6은 위의 문제를 코드로 표현한 것이다.

```
2020-ch05-2.py - C:/Python-KIU2020/2020-ch05-2.py (3.6.5)        —  □  ×
File  Edit  Format  Run  Options  Window  Help

score=int(input("점수입력=>"))
if (score >= 90) :
      print("A !")
elif (score >= 80) :
      print("B !")
elif (score >= 70) :
      print("C !")
elif (score >= 80) :
      print("D !")
else:
      print("F !")
                                                    Ln: 12  Col: 20
```

그림 5-6. if elif else 문 사용 예

실습하기 _ 랩터를 이용해서 if elif else 알고리즘 작성하고 확인하기

- 한글은 파이썬에서 Unicode 사용

- 한글 한글자당 2바이트 필요

- 예, ord("한") —〉 54620

앞서 학습한 랩터를 이용하여 if elif else 선택 구조 형태의 알고리즘을 익힌다. 그림 5-7은 그림 5-6 의 코드를 순서도로 표현한 것이다. 알고리즘을 실행하고 데이터를 입력하여 조건식의 결과값에 따른 논리적인 흐름을 확인하자.

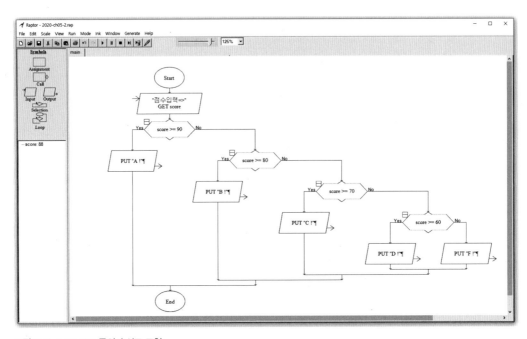

그림 5-7. if elif else 문의 순서도 표현

핵심 정리

01. 알고리즘은 명령(작업)의 처리 순서를 말하며 명령의 처리 형태는 순차, 선택, 반복 형태가 있다. 조건문은 선택 형태를 표현하기 위하여 필요하다.

---

02. 조건식을 표현하기 위해서는 비교연산자와 논리연산자가 필요하다. 비교연산자는 단순 조건식을 표현하기 위한 것이고, 논리연산자는 복합적인 조건식을 표현하기 위한 연산자이다.

---

03. if else 문장과 if elif else 문장은 선택의 문제를 해결하기 위한 파이썬 문장구조 이다. if else 문장은 둘 중 하나를 선택하기 위한 문제에 사용되고, if elif else 문장은 연쇄적인 선택 문제에 사용되는 선택 구조이다.

---

04. if else 문장과 if elif else 문장을 사용할 때는 조건식 다음, else 다음에 콜론을 반드시 붙여야 하고, 조건식이 참 또는 거짓일 때 실행하는 명령문은 들여쓰기를 하여야 한다.

학습 평가

01. 조건연산자와 논리연산자를 이용한 선택 문제 하나를 예로 들어 보시오.

----

02. 다음 중 키워드가 아닌 것은?

① if   ② elif

③ else   ④ elseif

----

03. if else 문장이 필요한 예를 들고 문장을 포함한 프로그램을 완성하시오.

----

04. 중첩 선택 구조에 대해 알아보자.

실전 문제

01. 알고리즘을 구성하는 3가지 기본 제어 구조는 무엇인지 쓰시오.

① (   )

② (   )

③ (   )

02. 다음 프로그램을 완성하시오.

```
number=int(input("정수를 입력하시오: "))
if (                    ) :
    print("입력된 정수는 짝수입니다.")
else :
    print("입력된 정수는 홀수입니다.")
```

03. 이수한 학점수가 140학점이상이고 평점이 3.0이상이면 "졸업이 가능합니다!"를 출력하고 그렇지 않으면 "졸업이 힘듭니다!"를 출력하도록 비교연산자와 논리연산자를 이용하여 조건식을 괄호 안에 쓰시오.

```
credits = float(input('이수한 학점수를 입력하시오: '))
gpa = float(input('평점을 입력하시오: '))
if (                        ):
    print('졸업이 가능합니다!')
else:
    print('졸업이 힘듭니다!')
```

04. 학점(4.5만점 실수형)과 봉사시간을 입력하여 학점이 3.0이상이고 봉사시간이 10시간 이상이면 "장학금을 탈 수 있음", 학점이 3.0이상이지만 봉사시간이 10시간 미만이면 "봉사시간 부족", 학점이 3.0이하이면 "학점이 낮음"이라고 출력하는 중첩 선택 구조를 완성하시오.

```
gpa=float(input("학점 평균: "))
hours=(①            )(input("봉사시간: "))
if (②          ):
  if (③          ):
    print("장학금을 탈 수 있음"
  else:
    print("봉사시간 부족")
else:
  print("학점이 낮음")
```

05. 점수를 입력받아서 점수에 해당하는 학점을 출력하는 연속적인 if else문을 이용하는 프로그램을 완성하시오.

```
score = int(input("성적을 입력하시오: "))


if score >= 90 :
print("학점 A")
(              ):
print("학점 B")
elif score >= 70 :
print("학점 C")
elif score >= 60 :
print("학점 D")
else :
print("학점 F");
```

06. 정수를 입력받아서 음수인지, 양수인지 아니면 0인지 판단하는 아래 if elif else 구조를 이용한 프로그램을 완성하시오.

```
number=int(input("정수를 입력하시오: "))
if (              ):
    print("입력된 정수는 음수입니다.")
elif (              ):
    print("입력된 정수는 0입니다.")
else:
    print("입력된 정수는 양수입니다.")
```

07. 6번 문제를 중첩된 if문 구조를 이용하여 해결한 아래 프로그램을 완성하시오.

```
num = float(input("정수를 입력하시오: "))
if (              ):
    if (              ):
        print("0입니다.")
    else:
        print("양수입니다.")
else:
    print("음수입니다.")
```

08. if문을 이용하여 "나이(age)가 15세 이상이고 20세 미만인 사람"에 대해 "당신은 청소년입니다."를 출력하고자 한다. 조건식으로 가장 적합한 것은 무엇인가? (   )

① age>=15 and age>20　　　　　② age>=15 or age>20

③ age<=15 and age<20　　　　　④ age>=15 and age<20

09. 연쇄적인 비교 문장에서 else와 뒤따르는 if를 합하여 사용하는 키워드의 이름은 무엇인가? (   )

① elsef　　　　② elif　　　　③ else　　　　④ if

06

반복문
활용하기 1

【 들어가기 】

- 반복문은 왜 필요한가?

- 반복문의 종류는 어떤 것이 있고 어떻게 사용되는가?

- 반복문은 어떤 구조를 가지는가?

【 Review 】

[기초 개념]

- 알고리즘 : 명령(작업)의 처리 순서

- 명령의 처리 형태 : 순차, 선택, 반복 형태

[핵심 내용]

- 조건문

  - 조건문 : 선택 형태를 표현하기 위한 문장 구조

  - 종류 : if else, if elif else 문

  - 연산자 : 비교 연산자(단순 조건 표현), 논리 연산자
    (복합 조건 표현)

- 조건문 활용

  - 두 개의 크기 값을 비교하여 결과에 따라 실행할 명령문이
    다른 경우

  - 예, 나이가 18세 이상인가에 따라 선거권 있음 또는 없음 출력

【 생각하기 】

1. 반복문은 무엇일까?

　☞ 동일한 명령이 조건에 따라 지속적으로 반복되는 형태의 문장 구조

　☞ 예, 1 ~ 100 사이 자연수 합을 구함

　☞ 반복문 표현 : 반복횟수 >= 1000이면 더할 숫자를 합에 누적함

2. 반복문은 왜 필요한가?

　☞ 반복 구조의 구현

이론

1.1 알고리즘과 반복문

알고리즘에 포함된 명령의 처리 형태인 순차, 선택, 반복 중 '반복'은 조건에 따라 실행할 문장을 반복하여 실행하는 구조이다. 예를 들어 '정수 1부터 100까지를 합을 구하는 변수에 반복적으로 더해나가는 문제', '"안녕하세요"를 세 번 반복하여 출력하는 문제' 등은 반복 구조가 필요한 문제이다. 반복 구조를 표현하는 문장은 반복문이다. 반복문을 표현하기 위해서는 조건문과 마찬가지로 비교연산자와 논리연산자가 필요하다. 파이썬에서는 반복문을 표현하기 위하여 while 문과 for 문을 제공한다. 그림 6-1은 반복 구조와 반복문의 종류를 보여준다.

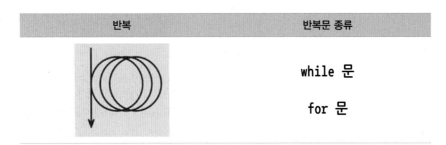

반복	반복문 종류
	while 문
	for 문

그림 6-1. 반복 구조와 반복문 종류

1.2 반복문 익히기

반복문의 구조는 랩터를 이용하여 익힐 수 있다. 랩터를 이용하여 위에서 예로 든 '정수 1부터 100까지의 합을 구하는 문제'를 심볼들을 이용하여 표현하고 실행하여 반복문의 구조와 알고리즘의 논리적 흐름을 익힐 수 있다. 뒤에 이어지는 실습을 통해 를 반복문의 구조를 익힐 수 있다. 반복문에는 네 가지의 구성요소를 가지고 있다. 그 구성요소는 제어변수의 '초기값', 제어변수를 포함한'종료조건', 종료조건이'참일 때 실행할 문장' 그리고 제어변수의 '증감'이다. 이때 제어변수는 반복을 계속할 지를 결정하는 변수라고 할 수 있다. 표 6-1은 반복 문제의 실행 단계를 보여준다. 예에서 제어변수는 i이다. 제어변수의 초기값 설정은 ①이고, 종료조건은 ②이며, 참일 때 실행할 문장은 ③이고, 제어변수의 증감은 ④이다.

표 6-1. 반복 문제 예

실행 단계	정수 1부터 100까지의 합을 구하는 문제	코드
STEP 1	정수 1~100을 저장할 변수	i
STEP 2	합을 저장할 변수	s=0
STEP 3	정수 1부터	① i=1
STEP 4	정수 100까지, 조건 false면 step 7로	② i<=100
STEP 5	정수를 반복하여 합변수에 더함	③ s=s+i
STEP 6	정수 값을 1증가, step 4로	④ i=i+1
STEP 7	합을 출력	print s

1.3 while 문 사용하기

파이썬에서 지원하는 반복문에는 while 문이 있다. 그림 6-2는 파이썬의 while 문 구조를 보여준다. 그림 6-3은 while 문을 이용하여 정수 1부터 100까지의 합을 구하는 예를 보여준다. 이 예는 while 반복문의 네 가지 구성요소를 모두 갖추고 있다. 예에서 반복을 계속할 지를 결정하는 제어변수는 i이고 합을 구하는 변수는 s이다. 제어변수의 초기값은 1부터 출발하며, 종료조건은 100까지 더해야 하므로 'i<=100'으로 표현한다. 종료조건이 참일 때 실행할 문장은 's=s+i'이고, 제어변수의 증감은 'i=i+1'이다.

while 문의 구조

초기값
while (종료조건):
    참일 때 실행할 문장
    증감

그림 6-2. while 문의 구조

정수 1부터 100까지 합을 구하는 예

i=1
s=0
while (i<=100):
    s=s+i
    i=i+1

그림 6-3. while 문의 예

1.4 for 문 사용하기

파이썬에서 지원하는 또 하나의 반복문은 for 문이다. for 문의 구조는 그림 6-4에서 보여준다. while 문의 구조보다 다소 압축된 형태이다. 파이썬에서 for 문은 반복의 범위를 표현하기 위해 그림과 같이 range 함수와 함께 사용하는 것이 일반적이다.

for 문의 구조
for 제어변수 in range(초기값, 종료값, 증감):   참일 때 실행할 문장

그림 6-4. for 문의 구조

range 함수의 인자에 제어변수의 '초기값', '종료값', '증감'을 표현한다. 그림 6-5는 for 문을 이용하여 정수 1부터 100까지 합을 구하는 예를 보여준다. 예에서 제어변수는 i이고 초기값은 1, 종료값은 101, 증감은 1이다. 참일 때 실행할 문장은 's=s+i'가 된다.

정수 1부터 100까지 합을 구하는 예
for i in range(1, 101, 1):   s=s+i

그림 6-5. for 문의 예

1.5 range 함수 사용하기

range 함수는 범위를 표현하기 위한 파이썬 함수이다. for 문장에서 반복할 범위를 표현할 때 사용한다. 일반적으로 range 함수의 인자에는 반복의 초기값, 종료값, 증감값이 포함되지만 때에 따라서는 초기값, 증감값이 생략될 수 있다. 다양한 range 함수의 형태를 실습을 통해 익힐 수 있다. 반복의 종료값은 반복에 포함되지 않으므로 반복의 종료값을 지정할 때 주의하여야 한다.

실습

【 학습목표 】

- while 문의 구조를 이해하고 문제에 따라 while 문을 구성할 수 있다.

- for 문의 구조를 이해하고 문제에 따라 for 문을 구성할 수 있다.

실습 1. 반복구조 필요성

실습하기 _ 반복문 필요성

- 같은 명령(작업)을 여러 번 실행해야 하는 경우, 명령을 여러 번 기술해야 함 –> 순차구조

- 같은 명령은 반복 구조로 표현하면 보다 효율적임 –> 반복 구조

- 반복문으로 표현할 경우 프로그램의 길이를 줄일 수 있고, 이해하기 편리함

같은 명령을 여러 번 실행해야 하는 경우, 순차구조를 이용한다면 같은 명령을 여러 번 기술해야한다. 하지만 이러한 형태는 비효율적이므로 반복구조로 표현하는 것이 낫다. 반복구조를 사용함으로써 프로그램의 길이를 줄일 수 있고, 프로그램을 이해하는 데도 편리하다.

실습 2. 반복구조 익히기

실습하기 _ 반복 알고리즘 예

- 1 ~ 10 정수를 더하는 문제

- 두 개의 변수 필요

- 더할 값을 저장할 변수 : i

- 더한 값을 저장할 변수 : s

- 조건식 i 〉 10을 사용

- 조건식이 거짓일 경우 반복적으로 s = s + i와 i = i + 1을 수행

반복 알고리즘의 예를 통해 반복구조를 익힌다. 그림 6-6은 반복 알고리즘의 예로 정수 1부터 100까지를 더하여 합을 구하는 알고리즘을 보여준다.

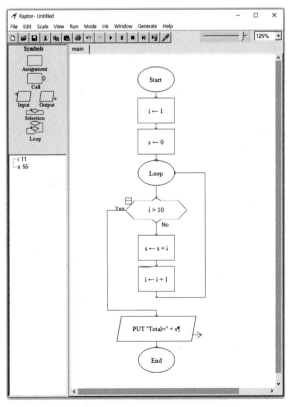

그림 6-6. 랩터 반복 구조의 예

알고리즘에서 변수는 두 개가 필요하다. 즉 더할 값을 저장할 변수 i와 더한 값을 저장할 변수 s이다. 종료 조건식은 'i 〉 10'으로 표현하고 조건식이 거짓일 경우 반복으로 반복적으로 s=s+i와 i=i+1을 반복적으로 수행한다. 그림 6-7은 랩터 알고리즘의 실행 결과를 보여준다.

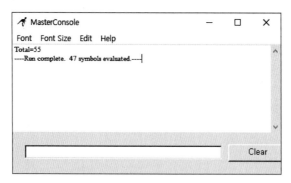

그림 6-7. 랩터 반복 구조의 실행 결과

실습하기 _ 반복 실행 확인하기

- 실행 버튼 누름

- 실행되는 명령문이 녹색으로 표시

- 반복 구조는 조건이 맞는 경우 반복적으로 실행됨

- 조건식의 부호를 반대로 하면 참과 거짓일 때 실행하는 문장이 달라짐

- 랩터의 왼쪽 아래 창에 변수의 값이 나타남. 명령문의 반복 실행에 따라 값이 변화함을 확인할 수 있음

그림 6-8은 반복 구조 알고리즘의 실행 흐름을 보여준다. 현재 실행되고 있는 순서가 녹색으로 표시된다. 알고리즘을 실행하면 Loop로 표현된 반복 구조에서 실행 흐름이 반복되는 것을 알 수 있다.

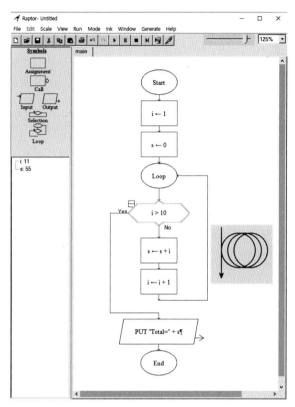

그림 6-8. 반복 구조 알고리즘 실행 흐름

실습 3. while 반복문의 4가지 구성요소

실습하기 _ while 반복문의 4가지 구성 요소

- (제어변수의) 초기값

- (제어변수의) 종료조건

- (제어변수의) 증감

- 조건이 참일 때 실행할 문장 (반복문장)

  ※제어변수: 반복 여부를 결정하는 변수 (조건식에 포함된 변수)

  초기값
  while (종료조건):
  　　참일 때 실행할 문장
  　　증감

> **while 문 사용 시 주의사항**
>
> - 종료 조건식 다음에 콜론 (:) 포함
>
> - 참일 때 실행할 문장은 반드시 들여쓰기 하기
>
> - 참일 때 실행할 문장과 while 문 실행 이후의 문장은 들여쓰기 수준으로 구분할 수 있음
>
> - 종료 조건식은 괄호를 생략할 수 있음

while 문의 네 가지 구성요소와 while 문의 구조를 익히자. 그리고 while 문을 코딩할 때 주의해야할 점을 익히고 다음 실습을 진행하자. while 문 다음의 종료조건식 뒤에는 콜론을 표시해야하고, 참일 때 실행할 문장과 증감은 들여쓰기를 하여야한 한다. 종료 조건식은 괄호를 생략할 수 있다.

> **실습하기** _ while 반복문의 4가지 구성 요소 알아보기
>
> - 제어변수 –〉 i
>
> - (제어변수의) 초기값 –〉 1
>
> - (제어변수의) 종료조건 –〉 i 〈= 10
>
> - (제어변수의) 증감 –〉 i=i+1
>
> - 조건이 참일 때 실행할 문장 (반복문장) –〉 s=s+i

정수 1부터 100까지의 합을 구하는 문제를 while 문을 이용해 코딩해보자. 그림 6-9와 그림 6-10은 코딩 예와 결과를 보여준다. while 문의 네 가지 구성 요소를 기억하면서 코딩한다.

```
i=1
s=0
while (i <= 10) :
     s=s+i
     i=i+1
print("합계=", s)
```

그림 6-9. while 문 코딩 예

```
Python 3.6.5 Shell                                    —    □    ×
File  Edit  Shell  Debug  Options  Window  Help
Python 3.6.5 (v3.6.5:f59c0932b4, Mar 28 2018, 16:07:46)
[MSC v.1900 32 bit (Intel)] on win32
Type "copyright", "credits" or "license()" for more informa
tion.

================ RESTART: C:/Python-KIU2020
/2020-ch06-1.py ================
합계 = 55

                                                      Ln: 6  Col: 4
```

그림 6–10. while 문 실행 결과

실습 4. for 문 사용하기

실습하기 _ for 반복문의 4가지 구성 요소

- (변수의) 초기값

- (변수의) 종료값

- (변수의) 증가값

- 조건이 참일 때 실행할 문장 (반복문장)

    ※ range 함수: 값의 범위를 표현할 때 사용하는 함수, for 문과 함께 사용

    for 변수 in range(초기값, 종료값, 증가값):
        참일 때 실행할 문장

for 문 사용 시 주의사항

- 일반적으로 range 함수와 함께 사용

- range 함수 사용법

- range(초기값, 종료값, 증가값)

- 변수 값이 초기값부터 종료값–1까지 증가값 만큼 증가함

- 변수 값은 종료값까지가 아니라 종료값–1까지임

for 문의 네 가지 구성요소와 for 문의 구조를 익히자. 그리고 for 문을 코딩할 때 주의해야할 점을 익히고 다음 실습을 진행하자. range 함수의 인자 나열 뒤에는 콜론을 표시해야하고, 참일 때 실행할 문장은 들여쓰기를 하여야한 한다.

실습하기 _ 오류 찾고 수정하기

- 1 ~ 10 수의 합을 구하고자 함

- 합계 값이 45로 출력됨

- 오류 : 종료값이 10이므로 9까지만 더해짐

- 따라서 1 ~ 10 수의 합을 구하기 위해서는 종료값을 11로 해야함

- range(1, 11, 1) 로 수정하고 실행

정수 1부터 10까지의 합을 구하는 문제를 for 문을 이용해 코딩해 보자. 그림 6-11은 코딩의 예를 보여주고 있고 그림 6-12는 실행 결과를 보여준다. 주의할 점은 range 함수의 종료값 인자이다. 종료값은 반복에 포함되지 않으므로 포함할 마지막 값보다 하나 더 큰 숫자인 11로 표시하여야 한다. 오류를 수정해보자.

```
2020-ch06-2.py - C:/Python-KIU2020/2020-ch06-2.py (3.6.5)        —     □     ×
File  Edit  Format  Run  Options  Window  Help

s=0
for i in range(1, 10, 1) :
        s=s+i
print("합계=", s)

                                                                  Ln: 9  Col: 0
```

그림 6-11. for 문 코딩 예

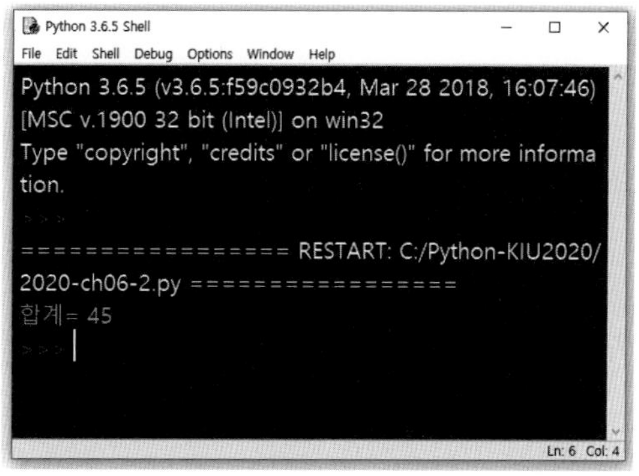

그림 6-12. for 문 실행 결과

핵심 정리

01. 명령의 처리 형태는 순차, 선택, 반복 형태가 있다. 반복문은 동일한 문장이 조건에 따라 지속적으로 반복되는 형태의 명령을 표현하기 위한 문장구조이다.

---

02. 파이썬에서 반복문은 while 문과 for 문이 있다. 반복문을 표현하기 위해서는 반복여부를 결정하는 제어변수의 초기값, 종료조건, 조건이참일때실행할문장, 증감값 등 구성요소가 갖추어져 있는지 확인할 필요가 있다.

---

03. while 문은 대표적인 반복문이다. 팩토리얼 값 구하기, 일정 범위의 정수 더하기 등 다양한 반복 형태의 문제에 이용할 수 있다.

---

04. for 문장은 반복문으로 range 함수와 결합하여 다양한 형태로 반복문을 구현할 수 있다. while 문 보다 표현형태가 다양하다고 할 수 있다.

학습 평가

01. 조건연산자와 논리연산자를 이용한 선택 문제 하나를 예로 들어 보시오.

----

02. 다음 중 키워드가 아닌 것은?

① if   ② elif

③ else   ④ elseif

----

03. if else 문장이 필요한 예를 들고 문장을 포함한 프로그램을 완성하시오.

----

04. if elif else 문장이 필요한 예를 들고 문장을 포함한 프로그램을 완성하시오.

실전 문제

01. 정수를 입력받아 1부터 입력받은 정수까지 합을 구하여 출력하는 아래의 프로그램을 완성하시오.

```
numer = int(input("얼마까지 더할 까요?=>"))
i=1
sum=0
while (              ):
   (              )
    i=i+1
print("1부터 ", number, "까지 합은 ", sum, "입니다.")
```

02. 1번 문제를 for 문을 이용하여 해결하고자 한다. 아래의 프로그램을 완성하시오.

```
numer = int(input("얼마까지 더할 까요?=>"))
i=1
sum=0
for (                ):
   sum=sum+i
print("1부터 ", number, "까지 합은 ", sum, "입니다.")
```

03. 정수를 입력하여 해당 정수의 팩토리얼 값을 구하여 출력하고자 한다. 아래 프로그램을 완성하시오.

```
fact = 1.0
n = int(input("정수입력=>"))
for (①       ) in range(②              ):
    fact = (③              )

print(n, "!은", fact, "입니다.")
```

04. 1~100사이의 자연수 중 짝수만 더하는 프로그램을 완성하시오.

```
sum = 0
for x in (①               ) :
    sum = sum + x
print(sum)
```

05. 1 ~ 10사이의 자연수를 모두 더하는 프로그램을 완성하시오.

```
i = 1
sum = 0;
while (          ):
    sum = sum + i
    (          )
print("합계=", sum)
```

06. 1 ~ 100사이의 모든 3의 배수의 합을 구하여 출력하려고 한다. 다음 프로그램을 완성하시오.

```
sum = 0
number = 1
while (               ):
    if (               ):
        sum = sum + number
    number = number + 1
print("1부터 100 사이의 모든 3의 배수의 합은 %d입니다." % sum)
```

07. 네 자리로 구성된 정수가 있다. (예, 1234) 정수의 각 자릿수의 합을 구하여 출력하는 프로그램을 작성하려고 한다. (예, 1+2+3+4=10) 다음 프로그램을 완성하시오.

```
number = 1234
sum = 0;
while (              ):
    (                   ) # 4 ➜ 3 ➜ 2 ➜ 1
    sum = sum + digit
    (                   ) # 10 # 123 ➜ 12 ➜ 1
print("자리수의 합은 %d입니다." % sum)
```

08. while문을 이용하여 입력한 성적들의 평균을 구하여 출력하는 프로그램을 작성하려고 한다. 아래의 프로그램을 완성하시오.

```
# while 문을 이용한 성적의 평균 구하기 프로그램
# 필요한 변수들을 초기화
n = 0
sum = 0
score = 0


print("종료하려면 음수를 입력하시오")
# grade가 0이상이면 반복
# 성적을 입력받아서 합계를 구하고 학생 수를 센다.
while score >= 0 :
    score = int(input("성적을 입력하시오: "))
    if score > 0:
        (               )
        n = n + 1


# 평균을 계산하고 화면에 출력한다.
if n > 0 :
    (               )
print("성적의 평균은 %f입니다." % average)
```

09. 구구단 3단을 형식에 맞추어 출력하려고 한다. 아래의 프로그램을 완성하시오.

```
i = 1
while i <= 9:
    print("3 * %d = %d" % (              ) )
    i = i + 1
```

【출력 예】

```
3 * 1 = 3
3 * 2 = 6
...
3 * 8 = 24
3 * 9 = 27
```

10. 입력한 연도의 윤년을 판단하고자 한다. 윤년의 조건은 다음과 같다.

- 〈조건1〉 100으로 나누어 떨어지지 않으면서 4로 나누어 떨어지는 경우

- 〈조건2〉 400으로 나누어 떨어지는 경우

두 조건을 모두 만족하기 위한 조건식을 쓰시오. 단, 연도는 year변수 사용.

반복문
활용하기 2

- for 반복문에는 어떤 형태가 있고 어떻게 사용하는가?

- for, while문을 특정 문제에 어떻게 활용하는가?

【 Review 】

[기초 개념]

- 알고리즘 : 명령(작업)의 처리 순서

- 명령의 처리 형태 : 순차, 선택, 반복 형태

[핵심 내용]

- 반복문

  – 종류 : while 문, for 문

  – 반복문 구성요건 : 초기값, 종료조건, 실행문장, 증감

  – 랩터를 이용한 반복문의 흐름 이해

- range 함수

  – for 문을 보다 잘 활용하기 위한 범위 지정 함수

  – range(초기값, 종료값, 증감값)

  – 예, for i in range(1, 11, 1)

【 생각하기 】

1. random 함수는 왜 필요한가?

  ☞ 상황 : 사용자가 컴퓨터가 기억하고 있는 숫자를 알아맞히는 게임을 즐기려고 함

  ☞ 예, 컴퓨터가 기억하고 있는 숫자는 게임 시작 전에 사용자 모르게 생성되어야 함

  ☞ 사용자가 모르게 컴퓨터가 스스로 숫자를 만들어 기억해야 함 – random함수 필요

2. 반복되는 명령에는 어떤 것이 있을까?

  ☞ 생각해보기

이론

【 학습목표 】

- random 관련 함수의 사용법을 이해할 수 있다.

- range 함수의 형태를 이해하고 다양한 for 문을 형성할 수 있다.

1.1 random 모듈 사용하기

사용자가 컴퓨터가 기억하고 있는 숫자를 알아맞히는 게임을 즐기려고 할 때, 사용자는 컴퓨터가 기억하고 있는 숫자를 미리 알고 있다면 어떻겠는가? 숫자 알아맞히는 게임을 프로그래밍할 때 프로그래머가 컴퓨터가 기억하고 있는 숫자를 일방적으로 지정하는 것은 좋지 못하다. 따라서 컴퓨터가 스스로 어떤 숫자를 만들어서 기억하도록 프로그래밍하는 것이 필요하다. 임의의 숫자를 랜덤 수(random number)라고 하고 파이썬에서는 랜덤 수를 생성하기 위해 random 모듈을 제공한다. random 모듈에는 random, randint, randrange와 같은 함수가 있다. 표 7-1은 random 모듈의 함수들과 사용 예를 보여준다.

표 7-1. random 모듈의 함수들

함수	사용 예	의미
random	random( )	0~1사이의 임의의 실수 생성
randint	randint(1, 10)	1~10사이의 임의의 정수 생성, 1과 10을 포함함
randrange	randrange(1, 10, 1)	1~9사이의 임의의 정수 생성, 종료값 10은 포함하지 않음
choice	list=[1,2,3,4,5] choice(list)	list 중에서 하나를 생성

1.2 다양한 for 문 형태

range 함수는 인자를 다양하게 표현할 수 있고, for 문과 결합하여 다양한 반복문 형태를 표현할 수 있다. range 함수의 인자는 시작값, 종료값, 증감값과 같은 세 개의 인자를 가지는 것이 일반적이지만 시작값과 증감값을 생략할 수 있다. 시작값을 생략하면 시작값을 1로 간주되고, 증감값을 생략하면 역시 1로 간주된다. 또 range 함수 대신에 12장에서 학습할 리스트 자료구조를 이용하여 출력할 값의 범위를 표현할 수 있다. 표 7-2는 다양한 for 문 형태와 사용 예를 보여준다.

표 7-2. 다양한 for 문 형태

형태	사용 예	의미
for 변수 in range(시작값, 종료값, 증감값)	for i in range(1, 11, 1)	i는 1부터 10까지 반복
for 변수 in range(시작값, 종료값)	for i in range(1, 11)	i는 1부터 10까지 반복, 증감값은 1로 간주
for 변수 in range(반복횟수)	for i in range(1, 11)	i는 1부터 10까지 반복, 시작값, 증감값은 1로 간주
for 변수 in [변수값 리스트]	for i in [1, 2, 3, 4, 5, 6, 7, 8, 9, 10]	i는 1부터 10까지 반복

1.3 while 문 활용하기

while 문은 다양한 반복 구조가 필요한 응용문제에 활용할 수 있다. 팩토리얼 값 구하기 문제, 두 정수의 최대공약수 구하기 문제, 컴퓨터가 기억하고 있는 숫자 알아맞히기 게임 등은 대표적인 while 문을 활용할 수 있는 문제이다.

1.4 for 문 활용하기

for 문도 다양한 반복 구조가 필요한 응용문제에 활용할 수 있다. 시작값과 종료값을 입력받고 두 값 사이의 정수를 모두 더하여 출력하는 문제, 어떤 범위에 있는 모든 섭씨온도를 화씨온도로 변환하는 문제, '*'문자를 이용하여 삼각형 또는 사각형 형태로 출력하는 문제 등에 활용할 수 있다.

1.5 전공관련 반복문 응용문제

앞에서 소개한 기본 입출력 함수와 출력 양식을 지정하기 위한 명령들을 예를 통해 기본적인 기능을 익히고, 뒤에 제시되는 입출력 응용문제를 통해 입출력 함수의 사용법을 보다 명확히 이해할 수 있다.

실습

【 학습목표 】

- while 문을 이용하여 응용문제를 해결하는 프로그램으로 구현할 수 있다.

- for 문을 이용하여 응용문제를 해결하는 프로그램으로 구현할 수 있다.

실습 1. random 함수 필요성

실습하기 _ random 함수는 왜 필요하지

- 주사위 3개 던져 합을 구하는 게임

- 3개의 변수에 값을 넣음

- 프로그래머가 알고 있는 값을 넣으므로 답을 미리 알 수 있음 – 흥미 떨어짐

- 컴퓨터가 스스로 값을 결정해서 변수에 값을 넣어주는 명령 필요

- 이때 random 관련 함수를 사용

- random 관련 함수를 사용하기 위해서는 random 모듈 import가 필요함

- import random

위와 같은 상황을 생각하며 random 함수가 왜 필요한지 생각해보자. 그림 7-1은 random 함수가 필요한 예제 프로그램으로서 위에서 제시한 주사위 3개를 던져 합을 구하는 게임을 구현한 것이다. 주사위 3개에 값을 지정하여 넣는다면 이미 알고 있는 값이므로 흥미가 떨어질 것이다. 따라서 random 모듈이 필요하며 random 모듈을 사용하기 위해서는 'import random'과 같은 모듈 도입 선언이 필요하다.

```
dice1 = 1
dice2 = 5
dice3 = 2
total = dice1 + dice2 + dice3
     ("주사위 합 = ", total)
```

그림 7-1. random 함수가 필요한 경우

실습 2. random 관련 함수 익히기

실습하기 _ randint 함수

- 형식 : randint(a, b)

- 의미 : 정수 a부터 정수 b까지의 정수 중에서 랜덤한 정수 n을 선택함

- a <= n <= b

- 오른쪽은 주사위 게임 예

- 실행할 때 마다 결과값이 달라짐

random 함수

- 형식 : random()

- 의미 : 0에서 1사이의 임의의 실수 값을 선택함

- 의미 : 0에서 1사이의 임의의 실수 값을 선택함

- 주사위 게임에 이용

- 0 ~ 1 실수값을 1 ~ 6 정수값으로 변환이 필요함

- int(random.random()*10)%6+1 로 설정

randrange 함수

- 형식 : randrange(a, b, c)

- 의미 : 시작값 a, 종료값 b, 증감값 c의 3개의 파라미터를 사용하여 수열을 생성하고, 그 수열에서 임의의 정수를 선택함

- 이때, 종료값은 선택에서 제외함

- 주사위 게임에 이용

- 시작값 a는 1로 설정

- 종료값 b는 7로 설정 (종료값은 포함하지 않으므로 6보다 하나 큰 숫자 지정)

- 증가값 c는 1로 설정

- random.randrange(1, 7, 1) 로 설정

random 모듈에는 randint, random, randrange 함수와 같은 랜덤한 숫자를 만들어내는 함수가 있다. randint 함수는 정수의 일정 범위 내에서 임의의 숫자를 만들어낼 때 사용한다. 그림 7-2는 randint 함수의 이용 예이다. random 함수는 0부터 1사이의 실수값을 만들어내는 함수이다. 그림 7-3은 random 함수의 이용 예이다. randrange 함수는 만들어낼 값의 시작값, 종료값, 증감값을 지정하여 그 범위 안에 있는 숫자를 만들어낼 때 사용한다. 그림 7-4는 randrange 함수의 이용 예이다.

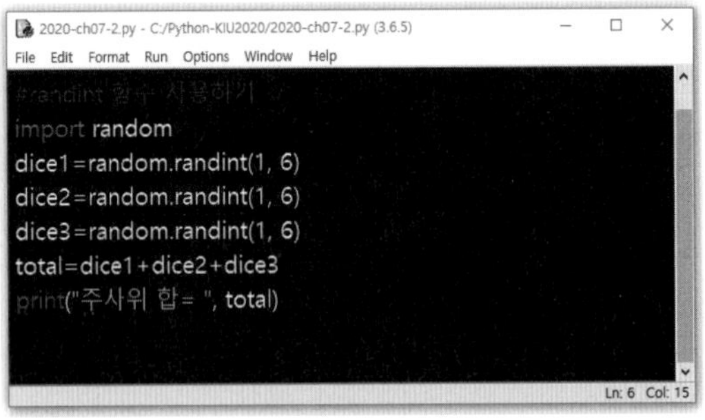

```
#randint 함수 사용하기
import random
dice1=random.randint(1, 6)
dice2=random.randint(1, 6)
dice3=random.randint(1, 6)
total=dice1+dice2+dice3
print("주사위 합= ", total)
```

그림 7-2. randint 함수 이용

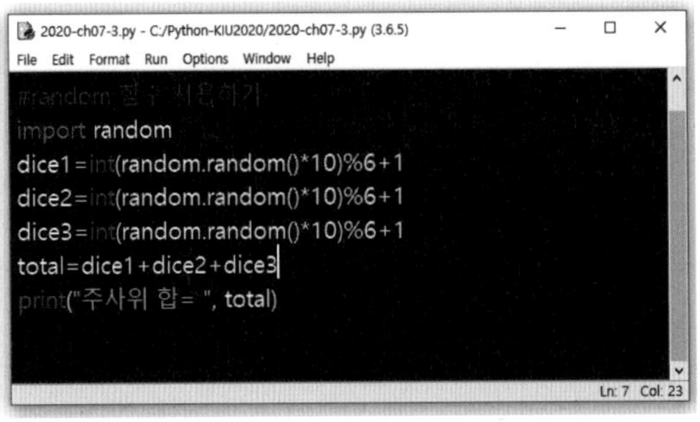

```
#random 함수 사용하기
import random
dice1=int(random.random()*10)%6+1
dice2=int(random.random()*10)%6+1
dice3=int(random.random()*10)%6+1
total=dice1+dice2+dice3
print("주사위 합= ", total)
```

그림 7-3. random 함수 이용

```
2020-ch07-4.py - C:/Python-KIU2020/2020-ch07-4.py (3.6.5)              —    □    ×
File Edit Format Run Options Window Help
#randrange 함수 사용하기
import random
dice1=random.randrange(1,7,1)
dice2=random.randrange(1,7,1)
dice3=random.randrange(1,7,1)
total=dice1+dice2+dice3
print("주사위 합 = ", total)
```

그림 7-4. randrange 함수 이용

실습 3. 다양한 for 문 익히기

실습하기 _ for 변수 in range(시작값, 종료값)

- for 변수 in range(시작값, 종료값, 증가값) 형태가 일반적임

- 증가값이 생략됨

- 증가값을 1로 간주

- 1 ~ 10 정수의 합을 구하는 문제

for 변수 in range(반복횟수)

- for 변수 in range(시작값, 종료값, 증가값) 형태가 일반적임

- 시작값, 증가값이 생략됨

- 반복횟수만 표시됨

- 시작값, 증가값을 1로 간주

- 1 ~ 10 정수의 합을 구하는 문제

for 변수 in [변수값 리스트]

- 리스트 구조를 for 문과 함께 사용

- 리스트 구조 : [숫자1, 숫자2, 숫자3, ...]

- 1 ~ 10 정수를 리스트로 표현

- [1, 2, 3, 4, 5, 6, 7, 8, 9, 10]

- 리스트와 for문의 결합

- 1 ~ 10 정수의 합을 구하는 문제

range 함수는 위의 예와 같이 함수인자 중 증감값을 생략할 수 있고, 시작값도 생략할 수 있다. 이러한 생략된 range 함수가 for 문과 결합하여 다양한 for 문을 만들 수 있다. 그림 7-5는 range 함수의 인자에 시작값과 종료값 만을 지정하여 for 문을 구현한 경우이다. 그림 7-6은 range 함수의 인자에 종료값 즉 반복횟수만 지정하여 for 문을 구현한 경우이다. 두 경우 모두 종료값은 반복에 포함되지 않으므로 반복하려는 최종값보다 하나 큰 숫자를 종료값으로 지정하여야 한다. for 함수는 리스트 구조와 결합하여 반복문을 구현할 수 있다. 리스트 구조는 반복 수의 범위를 리스트 구조로 나열한 것이다. 정수 1부터 10까지를 리스트 구조로 표현하면 [1, 2, 3, 4, 5, 6, 7, 8, 9, 10]과 같이 표현할 수 있다. 그림 7-7은 리스트 구조를 이용한 for 문의 예이다.

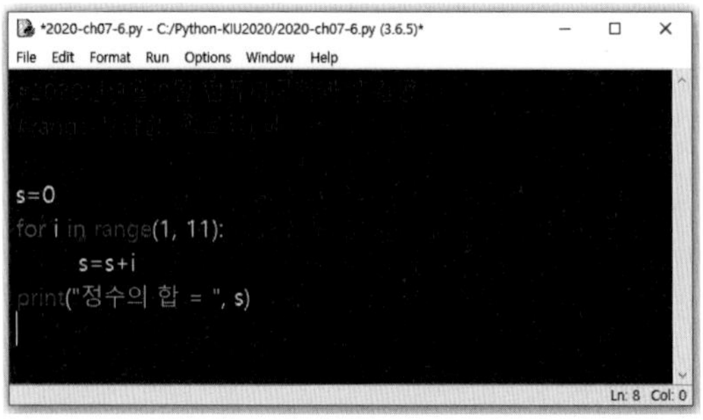

그림 7-5. range(시작값, 종료값) 함수 이용 예

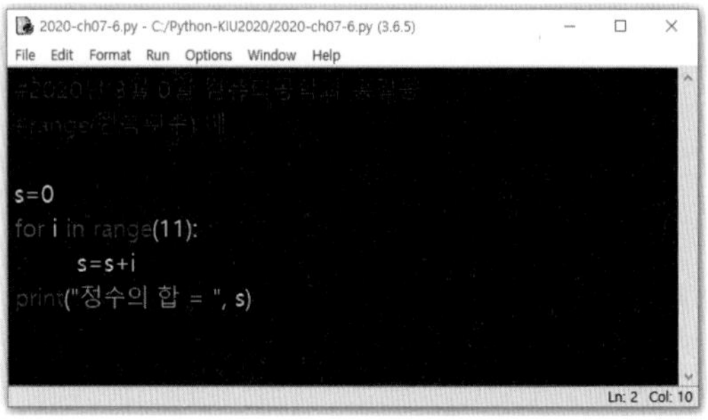

그림 7-6. range(반복횟수) 함수 이용 예

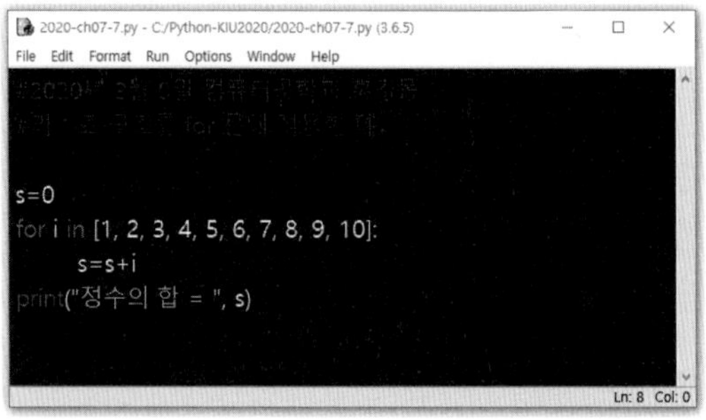

그림 7-7. for 문과 리스트 사용 예

실습 4. while/for 문 활용하기

실습하기 _ while 문 응용 (팩토리얼 값 구하기)

- n ! 값 구하기

- 1*2*3*4*5*... *n

- i : 곱할 값을 저장하는 변수

- facto : 곱한 값을 저장하는 변수

- facto=facto*i 식이 필요

while 문 응용 (최대공약수 구하기)

- 두 수의 최대공약수 구하기

- 유클리드의 알고리즘 사용

- 큰 수에서 작은 수를 빼나가는 과정을 반복, 0에 이르면 종료

- 큰 수 : x

- 작은 수 : y

- 중간 값 : r

- 유클리드 알고리즘 표현

- r = x % y

- x = y

- y = r

for 문 응용 (두 수 사이의 값 더하기)

- 두 수 사이의 값 더하기

- 시작 수 : x

- 끝 수 : y

- range(x, y+1, 1) 문장 필요

- 합을 저장할 변수 : s

- 더할 값 : i

while 문과 for 문은 다양한 응용문제에 활용할 수 있다. 그림 7-8은 팩토리얼 값을 구하는 문제를 while 문을 이용하여 구현한 것이다. 그림 7-9는 두 정수의 최대공약수를 구하는 문제를 while 문을 이용하여 구현한 것이다. 그림 7-10은 두 정수 사이의 모든 정수값을 더하여 출력하는 문제를 for 문을 이용하여 구현한 것이다.

```python
#2020년 3월 0일 컴퓨터공학과 홍길동
#팩토리얼 값 구하기
facto=1
n=int(input("구할 값?"))
i=1
while(i<=n):
        facto=facto*i
        i=i+1
print("n ! = ", facto)
```

그림 7-8. 팩토리얼 값 구하기

```python
#2020년 3월 0일 컴퓨터공학과 홍길동
#두 수의 최대공약수 구하기
x=int(input("큰 수?"))
y=int(input("작은 수?"))

while(y != 0):
        r = x%y
        x = y
        y = r
print("최대공약수 = ", x)
```

그림 7-9. 최대공약수 구하기

```python
#2020년 3월 0일 컴퓨터공학과 홍길동
#두 수 사이의 값 더하기
x=int(input("시작 수?"))
y=int(input("끝 수?"))
s=0
for i in range(x, y+1, 1):
        s=s+i
print("더한 값 = ", s)
```

그림 7-10. 두 수 사이의 값 더하기

실습 5. 주사위 게임 만들기

실습하기 _ 준비하기

- randint 함수를 이용하여 주사위 값 하나를 출력해보기

- 주사위 값 세 개를 만들어 출력해보기

- 주사위 값 세 개를 더하여 합을 구하여 출력해보기

게임 규칙

- A, B 두 팀의 각각 주사위 세 개씩 던짐

- 각 팀의 주사위 세 개의 값을 합함

- 합한 숫자가 높은 팀이 승리

- 게임 계속 여부를 묻고 원하지 않는 경우 종료함

그림 7-11은 주사위 게임을 구현한 것이다. 게임 규칙을 모두 만족하지 않는다.

```
# 2020년 3월 0일 00일과 홍길동
# 주사위 게임 ver 1
import random

a1=random.randint(1,6)
a2=random.randint(1,6)
a3=random.randint(1,6)

b1=random.randint(1,6)
b2=random.randint(1,6)
b3=random.randint(1,6)

total_a=a1+a2+a3
total_b=b1+b2+b3

print("A팀: ", a1, ", ", a2, ", ", a3, ", ", "total=", total_a)
print("B팀: ", b1, ", ", b2, ", ", b3, ", ", "total=", total_b)

if total_a == total_b:
    print("비김!")
else:
    if total_a > total_b:
        print("A팀 이김!")
    else:
        print("B팀 이김!")
```

그림 7-11. 주사위 게임 1

그림 7-11은 코드는 게임 규칙을 대부분 만족한다. 하지만 반복적인 게임 실행이 불가능하다. 따라서 게임을 한번 실행할 때마다 사용자에게 게임을 계속할 지를 묻고 원하는 경우 다시 게임을 시작하도록 하고 원하지 않는 경우 종료하도록 한다. 이때 사용할 수 있는 문장이 반복 문장이다. 그림 7-12는 위에서 제시한 주사위 게임 규칙을 모두 만족한 코드이다. while 문을 이용하여 반복문을 구현하였다.

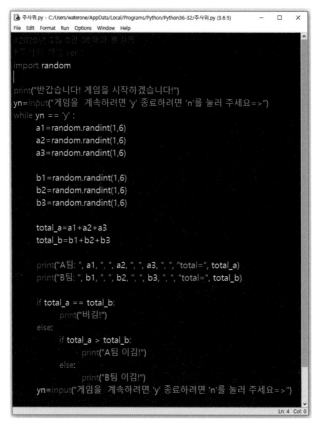

그림 7-12. 주사위 게임 2

핵심 정리

01. 파이썬 random 모듈은 랜덤한 숫자를 생성할 때 사용하는 파이썬 라이브러리이다. random 모듈에는 random(), randint(), randrange()와 같은 함수가 있다.

---

02. range 함수는 시작값, 종료값, 증가값과 같은 인자를 가지지만 시작값과 증가값을 생략한 형태가 가능하고 이를 for 문과 합하여 사용할 수 있다. 또한 리스트 구조를 for 문과 합하여 사용할 수 있다.

---

03. while 문은 다양한 반복이 이루어지는 작업에 사용할 수 있다. 예를들어, 팩토리얼 값 구하기, 최대공약수 구하기 문제에 활용할 수 있다.

---

04. for 문도 다양한 반복이 이루어지는 작업에 활용할 수 있고, 시작값 과 종교값 사이의 정수값을 더하여 출력하는 문제에 활용할 수 있다.

학습 평가

01. random 라이브러리가 왜 필요한지 설명해보시오.

----

02. random 라이브러리에 있는 함수가 아닌 것은?

① randrange   ② random

③ randomcase   ④ randint

----

03. 일상생활에서 일어나는 계산 문제 중 반복이 필요한 사례를 한 가지 말해보시오.

----

04. 자신의 전공분야에서 계산이 필요한 문제 중 반복이 필요한 사례를 한 가지 생각해보고 이를 반복문으로 구현해보시오.

실전 문제

01. 임의의 월(month)과 일(day)을 랜덤하게 생성하여 출력하는 아래의 프로그램을 완성하시오. (단, 월은 1~12, 일은 1~30만 가능)

```
import random
month = random.(          )(          )
day = random.(          )(          )
print(          )
```

【 출력 예 】
10월 3일

02. 주사위를 던져 랜덤(random)한 값을 얻고자 한다. 다음 프로그램을 완성하시오.

```
import random
number = random.(          )
print(number)
```

03. 1 ~ 100사이의 숫자 중에서 컴퓨터가 생성한 임의의 숫자를 알아맞히는 게임이다. 프로그램을 완성하시오.

```
from random import randint
number = (          )
print("숫자 맞히기 게임을 시작합니다!")
g = input("생각하는 숫자를 입력하세요? ")
guess = int(g)
if (          ):
    print("맞췄습니다! GOOD! ")
elif guess > number:
    print("너무 큼!")
else:
    print("너무 작음!")
print("게임 종료")
```

04. 3번 문제는 숫자를 알아맞힐 때 1회만 시도할 수 있는 프로그램이다. 아래 프로그램은 숫자를 맞힐 때까지 시도할 수 있는 프로그램으로 수정한 것이다. 프로그램을 완성하시오.

```python
import random
number = random.randint(1, 100)
count = 0
flag = "no"
print("숫자 맞히기 게임을 시작합니다!")
(                    ):
  g = int(input("생각하는 숫자를 입력하세요? "))
  if g == number:
    print("맞췄습니다! GOOD! ")
  elif g > number:
    print("너무 큼!")
  else:
    print("너무 작음!")
  (                    )
print("게임 종료", count, "번 만에 맞힘!!")
```

05. 1 ~ 100사이의 정수의 합을 구하여 출력하는 for 문장을 이용한 프로그램이다. 조건에 따라 for문을 완성하시오.

① range 함수의 인자가 3개

```python
sum = 0
for x in range(              ) :
    sum = sum + x
print(sum)
```

② range 함수의 인자가 2개

```python
sum = 0
for x in range(              ) :
    sum = sum + x
print(sum)
```

③ range 함수의 인자가 1개

```
sum = 0
for x in range(        ) :
        sum = sum + x
print(sum)
```

06. 다양한 for 문의 형태를 코딩하고 결과를 확인해보시오.

```
for x in range(5) :
    print("환영합니다.")
```

```
for name in ["철수", "영희", "길동", "유신" ]:
    print("안녕! " + name)
```

```
for x in [0, 1, 2, 3, 4, 5, 6, 7, 8, 9]:
    print(x, end=" ")
```

```
for c in  "abcdef":
    print(c)
```

```
for c in  "abcdef":
    print(c, end=" ")
```

07. 다양한 while 문의 형태를 코딩하고 결과를 확인해보시오.

```
i = 0;
while i < 5 :
        print("환영합니다.")
        i = i + 1
```

```
i = 0
while i < 10:
    print (i, end=" ");
    i = i + 1
```

```
i = 1
sum = 0;
while i <= 10:
        sum = sum + i
        i = i + 1
print("합계=", sum)
```

08. 다음은 중첩된 for 문을 이용하여 '*'으로 사각형을 출력하는 프로그램이다. 다음 프로그램을 완성하시오.

```
for y in range(5):
 for x in range(5):
    print("*", )
 print("")
```

【출력 예】

```
*****

*****

*****

*****

*****
```

09. 다음 프로그램의 결과값을 쓰시오. (   )

```
sum=0
for x in [0,1,2,3,4,5]:
   sum=sum+x
print(sum)
```

중간시험

【 들어가기 】

- 전반부의 수업 내용에 대한 학습 정도를 측정한다.

- 채점 결과에 따라 후반부 수업 방향, 난이도를 조절한다.

【 Review 】

[기초 개념]

- random 함수: 랜덤한 숫자를 생성할 때 사용

- 다양한 for, while문 형태

[핵심 내용]

- 다양한 for문 형태

  – for 변수 in range(시작값, 종료값, 증가값)

  – for 변수 in range(반복횟수)

  – for 변수 in range(시작값, 종료값)

  – for 변수 in [변수값 리스트]

- while 문 활용하기

  – 팩토리얼 값 구하기

  – 최대공약수 구하기

【 생각하기 】

1. 중간고사에서 좋은 점수를 받을 수 있는 비결은?

　☞ 필기하기, 결석하지 않기 등

2. 학기말 평가요소 중 편차가 가장 심한 평가요소는?

　☞ 중간고사점수, 기말고사점수 등

핵심 내용

【 학습목표 】

- 전반부의 각 장별 핵심 내용을 이해할 수 있다.
- 전반부 각 장의 함수 사용법을 이해할 수 있다.

1장 핵심	• 코딩 관련 용어 : 코딩, 알고리즘, 프로그램, 프로그래밍언어 • 4차산업혁명의 5가지 핵심기술: BIMAC • 쉘 모드와 편집 모드 사용법
2장 핵심	• 알고리즘과 순서도, 순서도의 기호 • 프로그램에서 변수와 연산자 골라내기 • 변수의 종류, 연산자의 종류, 연산식의 의미
3장 핵심	• 기본 출력함수 print 사용법, 정수, 실수, 문자열 출력하기 • 기본 입력함수 input 사용법, 데이터 입력과 형변환 • 형식에 맞추어 출력하기, 양식문자 사용하기
4장 핵심	• 변수의 개념, 변수의 자료형, 자료형 변환 함수 • 10진수를 2진수, 8진수, 16진수로 표현하기 • ASCII 코드와 ord, chr 함수 사용하기

5장 핵심	• 명령의 처리형태, 비교연산자, 논리연산자의 종류
	• 문제에 따라 조건식, 복합조건식 구성하기
	• if else, if elif else 문 사용하기
6장 핵심	• while 문의 네 가지 구성요건, while 문 사용하기
	• for 문 사용하기, 사용할 때 주의할 점
	• range 함수 사용하기
7장 핵심	• random 라이브러리 함수들 이용하기
	• 다양한 for 문 형태 사용하기
	• while, for 문을 다양한 응용분야에 활용하기

문제 예

【 학습목표 】

- 전반부 각 장별 주요 개념에 대한 관한 주관식 문항을 풀이할 수 있다.

- 전반부 각 장별 주요 개념에 대한 관한 객관식 문항을 풀이할 수 있다.

1장 주관식 문항 예	1장 객관식 문항 예

01. 자신의 전공분야에 SW가 어떻게 활용될 수 있는지 세 가지를 기술하시오.

① (   )

② (   )

③ (   )

01. 다음 중 4차산업혁명 핵심기술에 해당되지 않는 것은 무엇인가?

① Bigdata   ② Cloud

③ IT   ④ Mobile

2장 주관식 문항 예	2장 객관식 문항 예

01. 알고리즘이 무엇인지 설명하시오.

(   )

01. 5//2 와 5%2 연산식의 결과값은 각각 무엇인가?

① 3, 2   ② 2, 1

③ 1, 2   ④ 2, 3

3장 주관식 문항 예	3장 객관식 문항 예

01. 다음 프로그램의 문제점을 설명하시오.

```
a=input("a=")
b=input("b=")
print(a+b)
```
(   )

01. 다음 프로그램의 결과값은 무엇인가?

```
x=5
y=3
print("%d, %d" % x*y, x/y)
```

① 15, 0   ② 15, 1

③ 15, 2   ④ 15, 15

4장 주관식 문항 예	4장 객관식 문항 예

01. 10진수 21을 2진수, 16진수로 표현하시오.

2진수 표현: (   )

16진수 표현: (   )

01. ASCII 코드값을 문자로 변환하는 함수는 무엇 인가?

① chr   ② ord

③ asc   ④ int

5장 주관식 문항 예	5장 객관식 문항 예

01. "학점이 3.5이상이고 토익점수가 700이상인가" 를 판단하는 조건식을 쓰시오. 단, 변수명은 학점 (grade), 토익점수(toeic)로 함

(   )

01. 5//2 와 5%2 연산식의 결과값은 각각 무엇인가?

① 3, 2   ② 2, 1

③ 1, 2   ④ 2, 3

6장 주관식 문항 예	6장 객관식 문항 예

01. while 문의 네 가지 구성요소를 쓰시오.

(   )

01. 다음 중 논리연산자가 아닌 것?

① and   ② equal

③ or   ④ not

7장 주관식 문항 예	7장 객관식 문항 예

01. 랜덤한 숫자를 생성할 때 사용하는 randint 함수 가 포함되어 있는 파이썬 라이브러리의 이름을 쓰시오.

(   )

01. 다음 중 가장 적합하지 않은 range 함수는 무엇 인가?

① range(5, 2)   ② range(2, 5, 1)

③ range(5)   ④ range(2, 5)

함수 만들기

【 들어가기 】

- 함수는 왜 필요한가?

- 함수는 어떻게 구성되는가?

- 함수에는 다양한 형태가 있다.

【 Review 】

[기초 개념]

- 전반부: 파이썬 문법 기초지식 학습

- 후반부: 파이썬이 제공하는 다양한 함수를
  활용하여 문제 해결에 활용

[핵심 내용]

- 핵심 내용

  – 함수 만들기 – 9장

  – 내장함수 활용하기 – 10장

  – 그래픽함수 활용하기 – 11장

  – 자료구조 사용하기 – 12장

  – 클래스 활용하기 – 13장

  – 전공주제 프로젝트 진행 – 14장

【 생각하기 】

1. 함수란?

☞ 함수는 자주 국수기계에 비유함

☞ 함수는 이름, 인자, 내용, 리턴값 가짐

☞ 이름: 국수기계, 인자: 밀가루, 물 등, 내용: 국수뽑아냄, 리턴값: 국수

이론

【 **학습목표** 】

· random 관련 함수의 사용법을 이해할 수 있다.

· range 함수의 형태를 이해하고 다양한 for 문을 형성할 수 있다.

1.1 함수의 구성

함수는 특정한 기능을 가진 프로그램 단위라고 할 수 있다. 함수에는 사용자가 정의한 함수와 파이썬에 내장되어 있는 함수가 있다. 파이썬에 내장되어 있는 함수는 앞서 우리가 학습한 input, print, range 와 같이 이미 파이썬에 정의되어 있는 함수를 말한다. 내장 함수는 다음 10장에서 보다 자세하게 다룬다. 이 장에서 다루는 함수는 사용자가 정의한 함수를 의미한다. 사용자 정의 함수의 구조는 그림 9-1 과 같다. 함수의 구조를 살펴보면 몇 가지 요소로 구성된 것을 알 수 있다. 즉, 함수이름, 함수인자(파라미터), 함수기능정의(명령문1 ~ 명령문n), 리턴(return)값 등이다.

함수의 구조
def 함수이름(파라미터) :
명령문 1
명령문 2
...
명령문 n
return 결과값

그림 9-1. 함수의 구조

1.2 함수의 필요성

함수를 파이썬 프로그램에서 정의하고 사용하기 위해서는 위와 같은 구조로 함수를 정의하여야 하고
또 함수를 호출(call)하는 문장이 필요하다. 뒤에 이어지는 실습에서 함수정의 부분과 함수호출 부분을
확인하도록 한다. 함수는 여러 가지 장점을 있으므로 프로그램에서 정의하여 사용한다. 첫째 장점은 코
드 중복의 최소화이다. 중복되는 코드는 하나의 함수로 정의함으로써 코드의 반복을 줄이는 것이다. 둘
째는 코드 수정의 용이함이다. 함수로 구성된 프로그램은 모듈화되어 있으므로 어느 곳에 오류가 있는
지 발견하기 쉽고 오류를 수정하기도 쉽다. 마지막으로 코드를 이해하기 쉽다. 모듈화 되어 있는 함수
는 기능이 명료하므로 전체 프로그램을 이해하기 쉽다.

1.3 함수의 다양한 형태

위에서 그림 9-1과 같은 함수의 구조와 구성요소를 알아보았다. 이러한 함수는 구성요소를 생략하거
나 변형한 다양한 형태가 가능하다. 우선 함수의 인자를 생략한 함수가 가능하다. 반면에 함수의 인자
가 하나가 아니라 여러 개인 경우도 가능하며, 함수의 인자의 자료형도 다양하다. 함수의 또 다른 형태
는 return 문이 없는 함수이다. 함수의 기능 정의 부분에서 함수의 기능을 실행하고 되돌려줄 return
값이 필요 없는 경우에는 생략할 수 있다. 표 9-1은 함수의 다양한 형태와 사용 예를 보여준다.

표 9-1. 함수의 다양한 형태와 사용 예

구분	함수인자 생략	함수인자 여러 개	return 문 생략

형식	def 함수이름( ) :
	  명령문 1
	  명령문 2
	  …
	  명령문 n
	  return 결과값
		def 함수이름(a, b) :
		  명령문 1
		  명령문 2
		  …
		  명령문 n
		  return 결과값
			def 함수이름(a, b) :
			  명령문 1
			  명령문 2
			  …
			  명령문 n

사용 예	def max( ):
	  a=int(input("a?"))
	  b=int(input("a?"))
	  if a> b:
	    return a
	  else:
	    return b
		def max(a, b):
		  if a> b:
		    return a
		  else:
		    return b
			def max(a, b):
			  if a> b:
			    print("큰값=",a)
			  else:
			    print("큰값=",b)

1.4 함수의 정의와 호출

함수는 그림 9-1과 같이 정의한다. 함수를 정의한 후에는 정의한 함수를 호출(call)함으로써 사용할 수 있다. 함수의 호출은 그림 9-2와 같이 함수 외부에서 이루어진다. 함수 외부에서 함수의 이름을 명시함으로써 호출한다. 함수 호출 문장은 독립적으로 사용될 수 있고 경우에 따라서는 외부 명령문 내에 포함될 수도 있다.

함수의 정의와 호출
def 함수이름(파라미터) :   #함수 정의
내부명령문 1
내부명령문 2
...
내부명령문 n
return 결과값
외부명령문 1
함수이름(파라미터)   #함수 호출
외부명령문 2
...

그림 9-2. 함수의 정의와 호출

1.5 전공관련 함수 응용문제

함수는 다양한 문제에 활용할 수 있다. 특정한 기능을 하는 부분을 함수로 정의해서 함수의 장점을 충분히 가지는 프로그램을 만들어낼 수 있다. 함수로 정의할 수 있는 문제는 두 수 중 큰 수를 구하는 문제, 두 수를 전달받아 두 수 사이의 정수를 모두 더하는 문제, 반지름을 전달받아 면적과 둘레를 구하는 문제 등이 있다.

앞에서 소개한 함수의 기본 구조와 함수의 구성 요소를 이해하고 간단한 기능을 가지는 함수를 만드는 방법을 익히자. 뒤에 제시되는 함수관련 활용문제를 통해 함수의 사용법을 보다 명확히 이해할 수 있다.

실습

【 학습목표 】

- while 문을 이용하여 응용문제를 해결하는 프로그램으로 구현할 수 있다.

- for 문을 이용하여 응용문제를 해결하는 프로그램으로 구현할 수 있다.

실습 1. 함수의 형식

실습하기 _ 함수의 형식

```
def 함수이름(파리미터) :
    명령문 1
    명령문 2
    ...
    명령문 3
    return 결과값
```

함수의 구성요소

- 함수이름

- 함수인자(파라미터)

- 함수기능정의(명령문1 ~ 명령문n)

- return값(결과값)

함수의 사용 요건

- 함수의 정의

- 함수의 호출

그림 9-3 함수의 형식에서 함수의 구성요소가 각각 무엇인지 확인해 보자.

그림 9-3. 함수의 형식

실습 2. 함수의 필요성

실습하기 _ 함수의 사용 요건

- 함수의 정의 – def 부터 retrun까지
- 함수의 호출 – sum(x,y)

sum 함수의 구성요소

- 함수이름 – sum
- 함수인자(파라미터) – a, b
- 함수기능정의(명령문1 ~ 명령문n)
  total=a+b
- return값(결과값) – total

함수 사용 시 주의사항

- def: 함수 정의 키워드
- 함수기능정의는 들여쓰기

그림 9-4에서 함수의 정의 부분과 함수호출 부분이 무엇인지 확인해보자. 함수의 정의 부분은 'def'로 시작하는 라인부터 return 문장이 있는 라인까지이고, 함수호출 부분은 'sum(x,y)'이다. 또 sum 함수의 네 가지 구성요소를 구별해보자. 함수의 이름은 'sum'이고, 함수의 인자는 'a'와 'b'이다. 함수의 기능을 정의한 부분은 'total=a+b'이고, 리턴값은 'total'이다.

```
*2020-ch09-2.py - C:/Python-KIU2020/2020-ch09-2.py (3.6.5)*
File  Edit  Format  Run  Options  Window  Help

def sum(a, b):
    total=a+b
    return total


x=3
y=5
print("함수호출후 결과값  = ", sum(x,y))
                                              Ln: 9  Col: 32
```

그림 9-4. 함수의 사용 예

실습하기 _ 함수의 필요성

- 중복의 최소화: 반복적인 명령을 줄일 수 있음

- 수정의 용이함: 함수 내에서 필요한 부분 수정

- 이해하기 쉬움: 함수는 모듈로 나뉘어져 있어서 이해하기 쉬움

함수를 사용함으로써 코딩 중복을 최소화할 수 있다. 그림 9-5는 함수를 사용하지 않은 경우이고 그림 9-6은 함수를 사용한 경우다. 함수 사용으로 코드를 줄일 수 있다.

```
pi=3.14
radius=5
area=radius*radius*pi
print("반지름: %d, 원의면적: %f" % (radius, area))

radius=7
area=radius*radius*pi
print("반지름: %d, 원의면적: %f" % (radius, area))

radius=9
area=radius*radius*pi
print("반지름: %d, 원의면적: %f" % (radius, area))
```

그림 9-5. 함수를 사용하지 않은 경우

```
def area(r):
    pi=3.14
    area=r*r*pi
    return area
radius=5
print("반지름: %d, 원의면적: %f" % (radius, area(radius)))
radius=7
print("반지름: %d, 원의면적: %f" % (radius, area(radius)))
radius=9
print("반지름: %d, 원의면적: %f" % (radius, area(radius)))
```

그림 9-6. 함수를 사용한 경우

실습 3. 함수의 다양한 형태

실습하기 _ 함수 인자의 다양한 형태

- 함수 인자의 형태 : 정수, 실수, 문자열 등 모든 파이썬 자료형이 가능함

- 옆의 예제에서

- r – 정수형

- pi – 실수형

함수의 return 문이 없는 경우

- 함수의 return 문이 필요하지 않는 경우에는 생략할 수 있음

- 옆의 문제에서 값을 리턴하는 대신 계산값을 함수 내에서 출력함

- 따라서 return 문이 사용되지 않음

함수의 인자가 없는 경우

- 함수의 인자가 필요하지 않는 경우에는 생략할 수 있음

- 아래의 문제는 인자 없이 함수의 기능을 수행하는 경우임

함수가 여러 개인 경우

- 함수는 필요에 따라 여러 개를 선언하여 사용할 수 있음

- 아래의 문제에서는 hello 함수와 bye 함수 두 개가 선언되고 사용됨

함수는 다양한 형태가 가능하다. 그림 9-7은 함수의 인자의 자료형이 다양한 경우이고, 그림 9-8은 함수의 리턴문이 없는 경우이다.

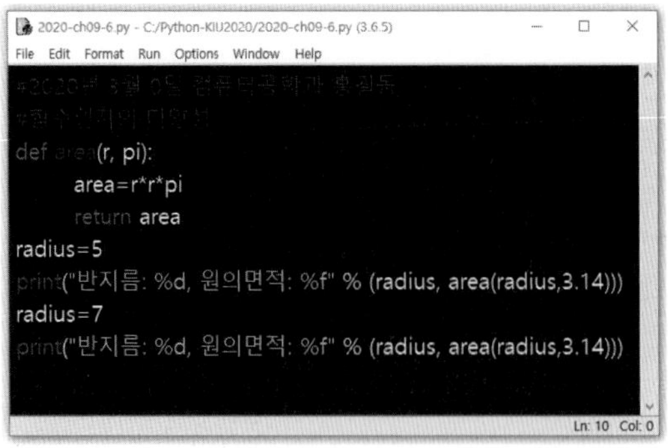

그림 9-7. 다양한 형태의 함수 인자

그림 9-9는 함수의 인자가 생략된 경우이고, 그림 9-10은 함수가 여러 개인 경우를 보여준다.

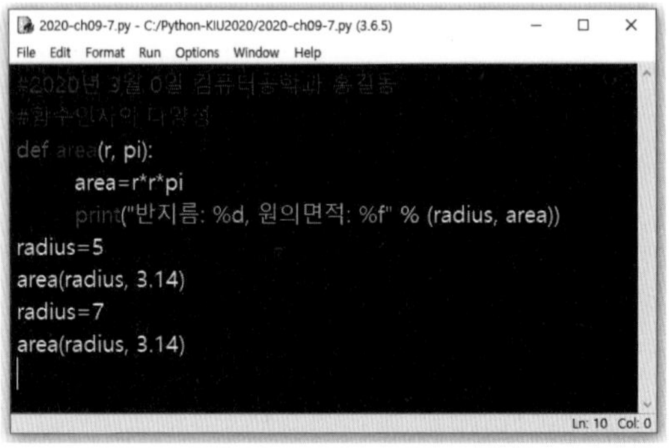

그림 9-8. 함수의 리턴문이 없는 경우

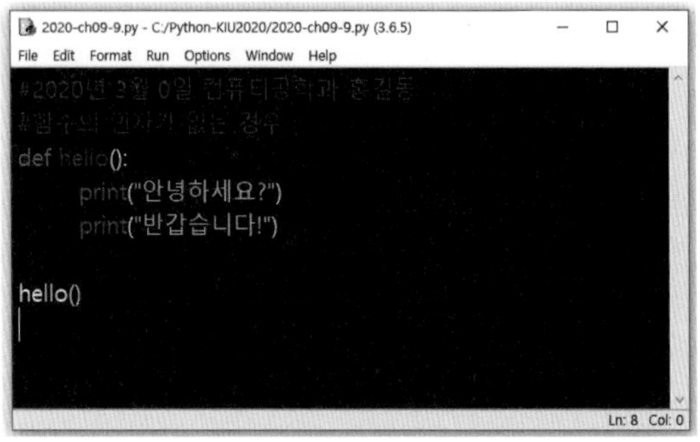

그림 9-9. 함수의 인자가 없는 경우

```
2020-ch09-9.py - C:/Python-KIU2020/2020-ch09-9.py (3.6.5)          —  □  ×
File  Edit  Format  Run  Options  Window  Help

def      (name):
        print("안녕, %s 님!" % name)
def      (name):
        print("다음에 만나요, %s 님!" % name)

hello("홍길동")
hello("김길동")
bye("홍길동")
bye("김길동")
                                                          Ln: 12  Col: 0
```

그림 9-10. 함수가 여러 개인 경우

실습 4. 함수 활용하기

실습하기 _ 함수 활용 1 (두 수 중 큰 수 구하기)

- 두 수를 입력 받음

- 입력 받은 두수를 인자로 함수 호출

- 함수 max는 두 수를 비교하여 큰 수를 return함

- 함수 내에 if else 문을 포함

함수 활용 2 (두 수 사이 정수 더하기)

- 두 수를 입력 받음

- 입력 받은 두수를 인자로 함수 호출

- 함수 sum은 두 수 사이의 정수값을 모두 더하여 return함

- 함수 내에 while 문을 포함

함수 활용 3 (원 면적과 둘레 구하기)

- 원의 면적과 둘레 구하기

- 함수가 두 개 정의됨

- 원의 면적 : area 함수

- 원의 둘레 : circum 함수

의문점

- 프로그램의 시작점

- 함수인자 r 변수와 반지름을 입력받아 저장한 r 변수는 동일한 변수인가?

함수는 다양한 문제에 활용할 수 있다. 몇 가지 예를 실습해보자. 그림 9-11은 두 수 중 큰 수를 구하는 문제를 함수로 구현한 경우이고, 그림 9-12는 두 수 사이의 정수를 더하는 문제를 함수로 구현한 경우이며, 그림 9-13은 원의 면적과 둘레를 구하는 문제를 두 개의 함수로 정의한 경우이다.

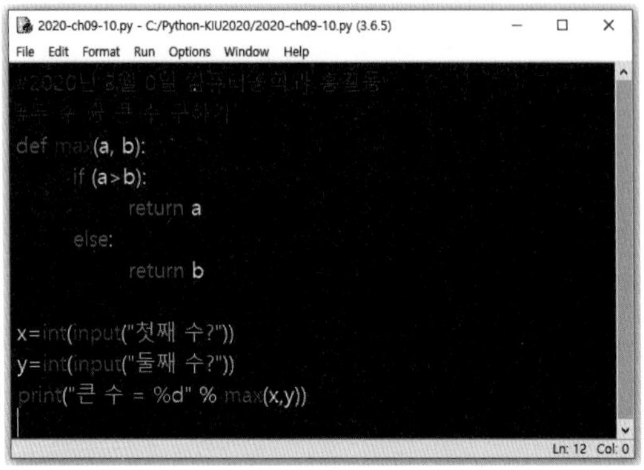

그림 9-11. 두 수 중 큰 수 구하기

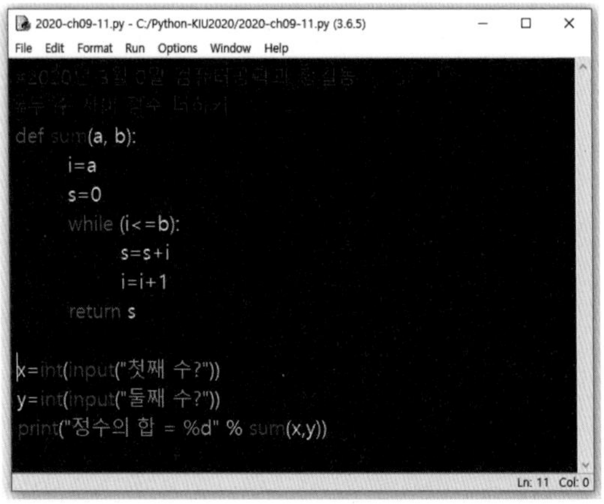

그림 9-12. 두 수 사이의 정수 더하기

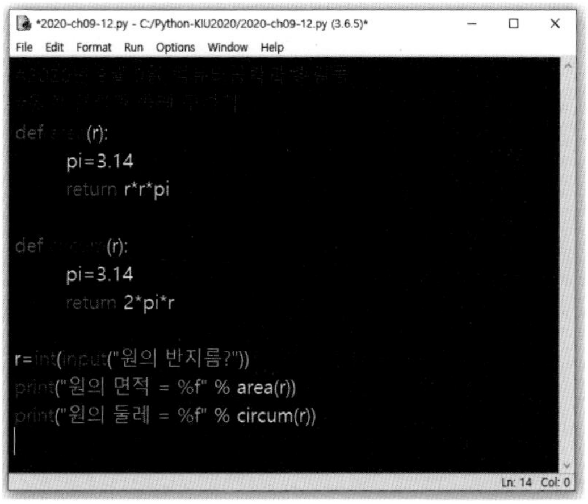

그림 9-13. 원의 면적과 둘레 구하기

핵심 정리

01. 함수는 특정한 기능을 가진 프로그램 단위이다. 함수는 함수이름, 함수인자, 함수의 기능(내용), 함수의 리턴 값 등의 구성요소를 가진다. 함수가 정의되고 사용되기 위해서는 함수의 정의와 함수의 호출이 필요하다.

---

02. 함수는 중복을 코드의 중복을 최소화하고, 추후 발생하게 되는 오류를 수정하기가 용이하며, 프로그램을 해석할 때 모듈화되어 있어서 이해하기가 쉽다는 장점이 있다.

---

03. 함수는 다양한 형태가 가능하다. 함수는 위의 네 가지 구성요소를 가지고 있는 것이 일반적이나 return 문이 필요없는 경우 생략할 수 있고, 함수인자도 필요하지 않는 경우 생략할 수 있다. 또한 함수인자의 형은 변수의 자료형과 같이 다양할 수 있으며 개수도 여러 개일 수 있다.

---

04. 함수 내에서 사용하는 변수와 함수를 호출하는 프로그램에서 사용하는 변수는 이름이 같다고 하더라도 다른 변수이다.

학습 평가

01. random 라이브러리가 왜 필요한지 설명해보시오.

----

02. 함수의 장점과 가장 거리가 먼 것은?

① 코드 중복의 최소화   ② 프로그램 이해 쉬움

③ 프로그램 길이 최소화   ④ 빠른 실행 시간

03. 함수의 필수 구성요소와 가장 거리가 먼 것은?

① 함수인자   ② return 값

③ 함수이름   ④ 연산식

04. 자신의 전공분야에서 계산이 필요한 문제 중 함수가 필요한 사례를 한 가지 생각해보고 이를 구현해보시오.

실전 문제

01. 두 수 중 큰 수를 구하는 함수를 완성하시오. (단, 두 수는 같지 않음)

```
def max(a, b):
    if (        ①        )
       (        ②        )
    (        ③        )
    (        ④        )
```

02. 두 수를 입력받아 최대공약수를 출력하는 프로그램을 완성하고자 한다. 괄호 안에 가장 적절한 명령을 넣으시오.

```
def (        ①        )
    while (        ②        )
       (        ③        )
       (        ④        )
       (        ⑤        )

    (        ⑥        )


a=int(input("첫째 수: "))
b=int(input("둘째 수: "))
print(a,"와 ",b,"의 최대공약수는 ", gcd(a, b), "입니다.")
```

03. 두 수를 전달받아 작은 수를 전달하는 함수를 정의하고, 두 정수를 입력하여 정의한 함수를 호출하여 작은 수를 전달받아 출력하는 아래 프로그램을 완성하시오. (단, 두수는 같지 않음)

```
def small(a, b):
        if (        ):
                return a
        else:
                return b
```

```
a=int(input("첫째 정수:"))
b=int(input("둘째 정수:"))
print("작은수=", (            ))
```

04. 정수를 입력받아 1 ~ 정수까지의 합을 구하여 전달하는 함수 sum을 정의하시오. 정수를 입력받아 함수 sum
을 호출하여 1 ~ 정수까지의 합을 구하여 출력하시오.

```
def sum(x):
        s=0
        i=1
        while (          ):
                s=s+i
                i=i+1
        return s

a=int(input("숫자입력:"))
print("1~",a, "까지 합 = ", (          ))
```

05. 함수는 필요성과 가장 관계가 적은 것은 무엇인가? (   )

①소스코드 양 늘림   ②프로그램 수정 편리

③프로그래밍 이해 용이   ④반복적 소스코드 사용

10

내장함수 활용하기

【 들어가기 】

- 파이썬에 포함된 주요 라이브러리를 살펴본다.

- 라이브러리는 일상생활 문제를 해결하는 함수로 구성된다.

- 라이브러리 별로 주요 함수를 살펴본다.

【 Review 】

[기초 개념]

- 함수: 특정한 기능을 가진 프로그램 단위

- 함수의 구성 요건 : 함수 이름, 함수 인자, 함수 기능, 함수 리턴값

[핵심 내용]

- 함수가 필요한 이유

  - 코드의 중복 최소화

  - 오류 수정 용이

  - 프로그램 이해 쉬움

- 함수의 다양한 형태

  - 함수의 인자가 생략된 경우

  - 함수의 리턴값이 생략된 경우

  - 함수 인자의 자료형과 갯수가 다양함

【 생각하기 】

1. 내장함수가 너무 많다! 어떻게 모든 함수를...

☞ Python Documentation을 이용할 것 – 쉘 모드에서 F1

2. 라이브러리란 무엇인가?

☞ 주요 기능을 함수로 정의해 실행파일로 만들어 놓은 것

이론

【 학습목표 】

• 파이썬 라이브러리의 종류를 알 수 있다.

• 파이썬 라이브러리 별로 포함된 중요한 함수를 알 수 있다.

1.1 math 라이브러리

파이썬은 일생생활에서 일어나는 여러 가지 계산 문제를 해결하는 함수를 내장함수로 정의해 두고 있다. 이러한 내장함수는 라이브러리로 되어 있어서 그 함수의 사용을 선언(import)하고 그 함수를 호출(call) 함으로써 사용할 수 있다. 이러한 내장함수를 포함한 라이브러리는 매우 다양하지만 여기서는 math, time, datetime, statistics, webbrowser와 같은 주요 라이브러리의 사용법을 익히도록 한다. math 라이브러리는 수학에 관련된 여러 가지 함수를 포함한다. math 라이브러리를 사용하기 위해서는 그림 10-1과 같이 선언하여야 한다. 일반형과 별명을 이용하는 별명형이 있다. 표 10-1과 표 10-2는 유용하게 사용할 수 있는 math 라이브러리의 함수들과 상수를 보여준다.

일반형	별명형
import math	import math as m
math.수학함수(파리미터)	m.수학함수(파라미터)

그림 10-1. math 라이브러리 선언

표 10-1. math 라이브러리 함수

함수	사용 예	의미
sin(), radian	sin(30), radian(90)	삼각함수
pow()	pow(2,3)	거듭제곱
factorial()	factorial()	팩토리얼
gcd()	gcd()	최대공약수
sqrt()	sqrt()	제곱근
floor()	floor()	올림
trunc()	trunc()	내림

표 10-2. math 라이브러리 상수

함수	의미	비고
pi	The mathematical constant π = 3.141592	파이 값
e	The mathematical constant e = 2.718281	자연지수 값
inf	A floating-point positive infinity	무한대 값

1.2 time 라이브러리

time 라이브러리는 시간에 관련된 함수들을 포함하고 있다. 대표적인 함수는 명령의 실행을 잠시 동안 멈추는 sleep 함수, 1970년 1월 1일 이후의 시간의 흐름을 초단위로 환산하여 출력하는 time 함수 등이 있다. sleep 함수와 time 함수는 다양한 응용 분야에 사용할 수 있고 뒤의 실습을 통해 사용법을 익힌다. time 라이브러리를 사용하기 위해서는 그림 10-2와 같이 선언하여야 한다. 일반형과 별명을 이용하는 별명형이 있다. 표 10-3은 time과 timeit 라이브러리의 함수들을 보여준다.

일반형	별명형
import time	import time as t
time.함수이름(파라미터)	t.함수이름(파라미터)

그림 10-2. time 라이브러리 선언

표 10-3. time / timeit 모듈의 함수들

함수	사용 예	의미
sleep(secs)	sleep(3)	3초 동안 실행을 멈춤
time( )	time( )	1970년 1월 1일 이후의 시간의 흐름을 초단위로 환산하여 출력
default_time( )	default_time( )	timeit 모듈에 있음, 알고리즘의 수행시간 계산

1.3 datetime 라이브러리

datetime 라이브러리는 날짜와 관련된 함수들을 포함하고 있다. 대표적인 함수는 date 함수와 today 함수가 있다. date 함수는 함수의 인자를 특정날짜로 지정하여 날짜 정보를 만들어 내는 함수이다. today 함수는 오늘의 날짜 정보를 생성하는 함수이다. 두 함수를 통해 다양한 날짜 관련 문제를 프로그래밍할 수 있다. 뒤의 실습을 통해 자세한 사용법을 익힌다. datetime 라이브러리를 사용하기 위해서는 그림 10-3과 같이 선언하여야 한다. 일반형과 별명을 이용하는 별명형이 있다. 표 10-4는 datetime 라이브러리의 함수들을 보여준다.

일반형	별명형
from datetime import date	import datetime
date.함수이름(파리미터)	datetime.함수이름(파라미터)

그림 10-3. datetime 라이브러리 선언

표 10-4. datetime 모듈의 함수들

함수	사용 예	의미
date( )	date(2020, 3, 1)	2020년 3월 1일 날짜를 생성
today( )	today( )	오늘 날짜를 생성

1.4 statistics 라이브러리

statistics 라이브러리는 통계와 관련된 여러 가지 함수를 포함하고 있다. mean 함수와 median 함수가 대표적이다. mean 함수는 어떤 범위의 값의 평균을 구하는 함수이고, median 함수는 중간값을 구하는 함수이다. 뒤의 실습을 통해 자세한 사용법을 익힌다. statistics 라이브러리를 사용하기 위해서는

그림 10-4와 같이 선언하여야 한다. 일반형과 별명을 이용하는 별명형이 있다. 표 10-5는 statistics 라이브러리의 함수들을 보여준다.

일반형	별명형
import statistics	import statistics as stat
statistics.함수이름(파라미터)	stat.함수이름(파라미터)

그림 10-4. statistics 라이브러리 선언

표 10-5. statistics 모듈의 함수들

함수	사용 예	의미
mean( )	mean([1,2,3,4,5])	리스트의 평균값 출력
median( )	median([1,2,3,4,5])	리스트의 중간값 출력

1.5 webbrowser 라이브러리

webbrowser 라이브러리는 웹브라우저와 관련된 라이브러리이다. open 함수를 포함하고 있어서 특정 url을 가진 웹 페이지를 open하는 역할을 한다. 실습을 통해 자세한 사용법을 익힌다. webbrowser 라이브러리를 사용하기 위해서는 그림 10-5와 같이 선언하여야 한다. 일반형과 별명을 이용하는 별명형이 있다. 표 10-6은 webbrowser 라이브러리의 함수들을 보여준다.

일반형	별명형
import webbrowser	import webbrowser as w
webbrowser.함수이름(파라미터)	w.함수이름(파라미터)

그림 10-5. webbrowser 라이브러리 선언

표 10-6. webbrowser 모듈의 함수들

함수	사용 예	의미
open( )	open("http://www.kiu.ac.kr")	www.kiu.ac.kr 웹페이지 오픈

1.6 문자열 관련 내장함수

문자열은 문자를 여러 개 합친 것을 말한다. 파이썬은 다양한 문자열 관련 내장함수를 제공하고 있다. 문자열이 알파벳 문자열인지, 정수 문자열인지 등을 판별하는 함수를 제공하고, 문자열의 모든 문자가 대문자로 구성되어있는지 또는 소문자로 구성되어 있는지를 판단하는 함수를 제공한다. 표 10-7은 파이썬이 제공하는 주요 문자열 관련 내장함수를 보여준다.

표 10-7. 문자열 관련 내장함수

함수	사용 예	의미
isdecimal	"2020".isdecimal( )	문자열이 정수인가
isalpha	"kiu".isalpha( )	문자열이 알파벳(영어/한글)인가
isalnum	"kiu2020".isalnum( )	문자열이 문자또는숫자인가
isascii	"abc".isascii( )	문자열이 아스키코드로 구성되어있는가
isidentifier	"_100".isidentifier( )	문자열이 식별자(identifier, 즉 변수명)로 사용 가능한가
islower	"korea".islower( )	문자열을 구성하는 모든 문자가 소문자로 구성되어 있는가
isupper	"KIU".isupper( )	문자열을 구성하는 모든 문자가 대문자로 구성되어 있는가

실습

【 학습목표 】

- 각 파이썬 라이브러리에 포함된 함수의 사용법을 이해할 수 있다.

- 각 파이썬 라이브러리에 포함된 함수의 종류를 알고 응용 분야에 활용할 수 있다.

실습 1. 함수의 형식

실습하기 _ 라이브러리 사용 선언

- import 라이브러리명

- import m

  일반형
  ```
  import math
  ```
  math.수학함수(파리미터)

  별명형
  ```
  import math as m
  ```
  m.수학힘수(피리미터)

math 라이브러리 내 함수 종류

- 삼각함수 : sin(), cos(), asin() 등

- 거듭제곱: pow()

- 팩토리얼: factorial()

- 최대공약수: gcd()

- 제곱근: sqrt()

- 올림: floor()

- 내림: trunc()

math 라이브러리 내 상수 종류

- 파이 값 : pi

- 자연지수 값 : e

- 무한대 값 : inf

실습 2. math 라이브러리 사용하기

실습하기 _ math 라이브러리 함수 사용하기 1

- sin(30) 구하기

- radian(180) 구하기

- 2^10 값 구하기

- 루트 3 값 구하기

math 라이브러리 함수 사용하기 2

- 45, 27의 최대공약수: gcd(45, 27)

- 절대값 구하기

- log값 구하기

- log2값 구하기

그림 10-6과 그림 10-7은 math 라이브러리 함수를 사용하는 예를 보여준다. 두 예는 라이브러리를 별명형으로 선언하고 사용하는 경우를 보여준다.

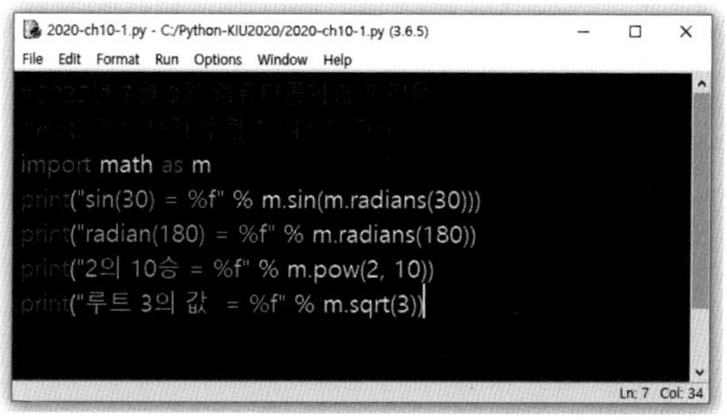

그림 10-6. math 라이브러리 함수 사용하기 1

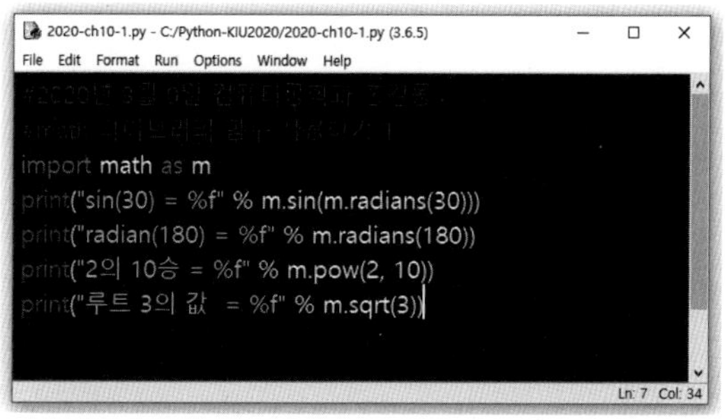

그림 10-7. math 라이브러리 함수 사용하기 2

실습하기 _ math 라이브러리를 사용하지 않는 경우

- 1*2*...*n 곱하기 – 반복적인 작업이 필요함

- 아래와 같이 반복문이 필요함

math 라이브러리를 사용하지 않는 경우

- factorial 함수를 이용하여 간단히 문제를 해결할 수 있음

- 이와 같이 자주 사용하는 수학 관련 문제를 함수로 만들어 놓음

사례를 통해 내장함수의 필요성을 알아본다. 그림 10-8은 factorial 내장 함수를 사용하지 않고 팩토리얼 값을 구하는 경우를 보여주고 있고, 그림 10-9는 factorial 내장 함수를 사용하여 팩토리얼 값을 구하는 경우를 보여준다. 내장함수를 사용하는 경우가 보다 간편하다.

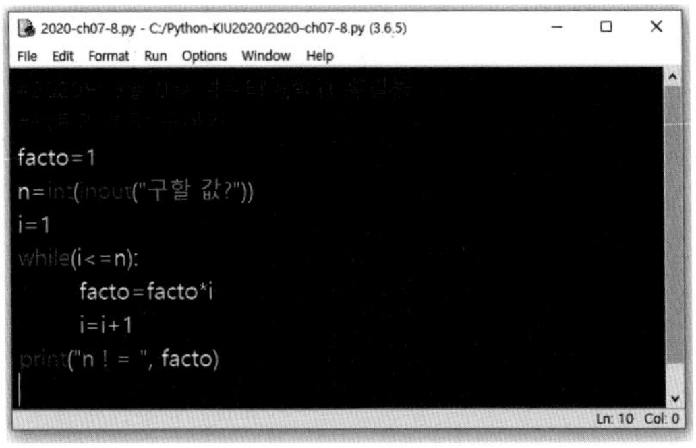

그림 10-8. factorial 함수를 사용하지 않은 경우

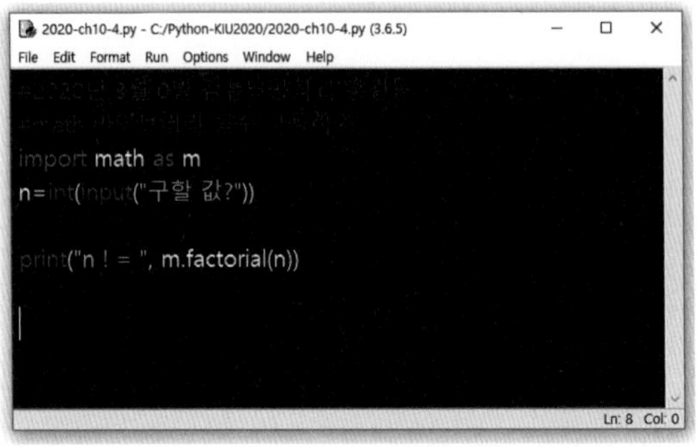

그림 10-9. factorial 함수를 사용한 경우

실습 3. time 라이브러리 사용하기

실습하기 _ time 라이브러리 함수 사용하기

- import time 또는

- import time as t

- sleep() 함수, time() 함수

  일반형

  ```
  import time
  time.함수이름(파리미터)
  ```

  별명형

  ```
  import time as t
  m.함수이름(파라미터)
  ```

sleep 함수 사용하기

- 구구단 7단을 출력하는 예

- 옆의 프로그램에서 반복문 안의 문장이 한번 실행될 때 마다 1초씩 대기하고 출력함

- sleep(1) 함수 인자 1은 1초를 의미함

그림 10-10은 time 라이브러리에 있는 sleep 함수를 사용하는 예를 보여준다. sleep 함수는 프로그램의 실행을 함수의 인자에 표시된 초(second)동안 멈추는 역할을 한다.

```
2020-ch10-5.py - C:/Python-KIU2020/2020-ch10-5.py (3.6.5)          —  □  ×
File  Edit  Format  Run  Options  Window  Help

import time as t
print("--- 구구단 7단 출력 ---")
for i in range(1, 10, 1):
    print("%d x %d = %d" % (7, i, 7*i))
    t.sleep(1)
                                                                 Ln: 10  Col: 0
```

그림 10-10. sleep 함수 사용하기

실습하기 _ time 함수의 사용

- 1970년 1월 1일 0시 0분 0초 이후 현재까지 지난 시간을 초단위로 환산하여 출력함

- 아래의 문제는 time 함수를 이용하여 현재까지 흐른 시간 출력하는 문제임

timeit 모듈과 함수 사용하기

- 보다 정밀한 시간 측정 위해 사용

- 알고리즘 수행시간 측정에 활용

- import timeit 선언 필요

- 수행시간은 초단위로 출력됨

time 함수는 time 라이브러리에 포함된 함수이다. 그림 10−11은 1970년 1월 1일 이후 지금까지 흐른 시간을 초단위로 환산하여 출력한다. 그림 10−12는 timeit 라이브러리에 있는 default_time 함수를 사용한 경우를 보여준다. 알고리즘 수행시간 등을 보다 정밀하게 측정하고자 할 때 사용한다.

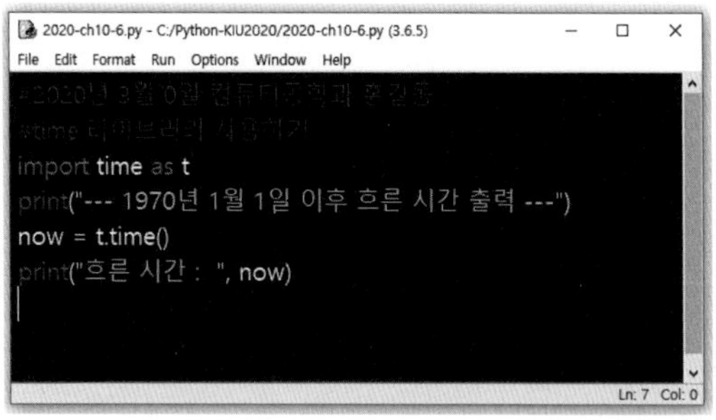

그림 10−11. time 함수 사용하기

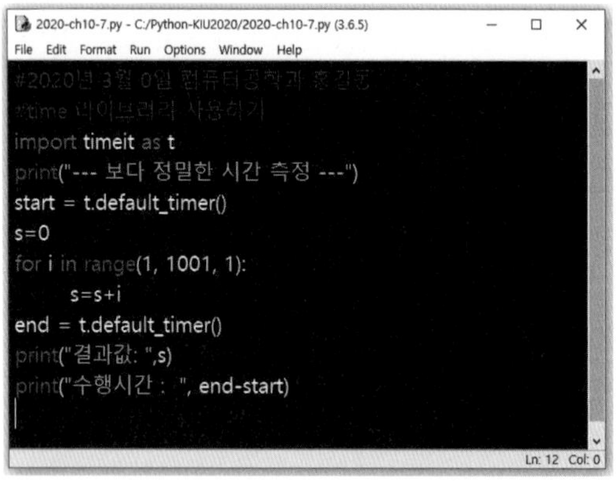

그림 10−12. timeit 모듈과 함수 사용하기

실습 4. datetime 라이브러리 사용하기

실습하기 _ datetime 라이브러리 함수 사용하기

- 선언 방법 1

- 선언 방법 2

- date() 함수, today() 함수

- date 모듈은 datetime 모듈의 하위모듈

  일반형
  ```
  from datetime import date
  date.함수이름(파리미터)
  ```
  별명형
  ```
  import datetime
  datetime.함수이름(파라미터)
  ```

date 함수 사용하기

- 위의 선언 방법 2 사용 추천

- 옆의 문제는 원하는 날짜 정보를 date함수를 이용해서 생성하는 프로그램

- year, month, day는 각각 date 함수에 정의된 연, 월, 일 변수를 의미함

그림 10-13은 date 함수를 사용하는 경우를 보여준다. 특정 날짜 정보를 생성하고 연, 월, 일을 출력하는 경우이다.

```
import datetime
birthday = datetime.date(2002, 5, 5)
print("태어난 연도 : ", birthday.year)
print("태어난 달 : ", birthday.month)
print("태어난 날 : ", birthday.day)
```

그림 10-13. date 함수 사용하기

실습하기 _ today 함수 사용하기

- 위의 선언 방법 1 사용 추천

- 옆의 문제는 오늘 날짜 정보를 today 함수를 이용해서 생성하는 프로그램

- year, month, day는 각각 date 함수에 정의된 연, 월, 일 변수를 의미함

응용 문제

- 생년 월 일 정보를 입력받아 오늘의 날짜 정보를 구하고 서로 뺄셈을 하여 살아온 날을 구하여 출력함

- date, today 함수를 이용함

그림 10-14는 today 함수를 사용하는 경우를 보여준다. 그림 10-15는 date와 today함수를 이용하여 살아온 날 수를 계산하는 프로그램이다.

```
from datetime import date
now = date.today()
print("오늘의 연도 : ", now.year)
print("오늘의 달 : ", now.month)
print("오늘의 날 : ", now.day)
```

그림 10-14. today 함수 사용하기

```
from datetime import date
year=int(input("당신이 태어난 연도?"))
month=int(input("당신이 태어난 달?"))
day=int(input("당신이 태어난 날?"))

birthday = date(year, month, day)
today = date.today()
days = today - birthday
print("살아온 날 수 : ", days.days)
```

그림 10-15. date, today 함수 응용하기

실습 5. 기타 라이브러리 사용하기

실습하기 _ statistics 라이브러리 함수 사용하기

- 선언 방법 1

- 선언 방법 2

- mean() 함수, median() 함수

  일반형
  ```
  import statistics
  statistics.함수이름(파리미터)
  ```

  별명형
  ```
  import statistics as stat
  stat.함수이름(파리미터)
  ```

statistics 라이브러리 함수 사용하기

- [a, b, c, ... , z] : 리스트 구조

- mean : 평균 구하는 함수

- mid : 정렬하고, 중간값 구하기

그림 10-16은 statistics 라이브러리에 있는 mean 함수와 median 함수를 사용하는 예를 보여준다.

```
import statistics as stat
scores = [6, 7, 9, 2, 6, 9, 3]
mean = stat.mean(scores)
mid = stat.median(scores)
print("평균: ", mean)
print("중간값: ", mid)
```

그림 10-16. statistics 라이브러리 사용하기

실습하기 _ webbrowser 라이브러리 함수 사용하기

- 선언 방법 1

- 선언 방법 2

- open() 함수

  일반형

  import webbrowser
  webbrowser.함수이름(파리미터)

  별명형

  import webbrowser as w
  w.함수이름(파리미터)

webbrowser 라이브러리 함수 사용하기

- open 함수는 인자에 있는 주소의 웹페이지를 브라우저로 여는 작업을 수행함

그림 10-17은 webbrowser 라이브러리의 open 함수를 사용하는 예를 보여준다. 프로그램을 실행하면 해당 주소의 웹페이지를 열게 된다.

그림 10-17. webbrowser 라이브러리 사용하기

실습하기 _ winsound 라이브러리 함수 사용하기

- 컴퓨터에 내장된 스피커의 음을 출력함

- Beep(a, b) 함수 : a는 소리 높이(음색), b는 소리출력 시간 (예, 500→) 0.5초)

  일반형

  import winsound

  winsound.함수이름(파리미터)

  별명형

  import winsound as w

  w.함수이름(파리미터)

webbrowser 라이브러리 함수 사용하기

- Beep 함수는 인자1의 음색을 인자2의 시간 동안 출력함

그림 10-18은 winsound 라이브러리의 Beep 함수를 사용하여 동요 '똑같아요'를 연주하는 코드를 보여준다. 표 10-8은 음값을 찾을 수 있는 표이다.

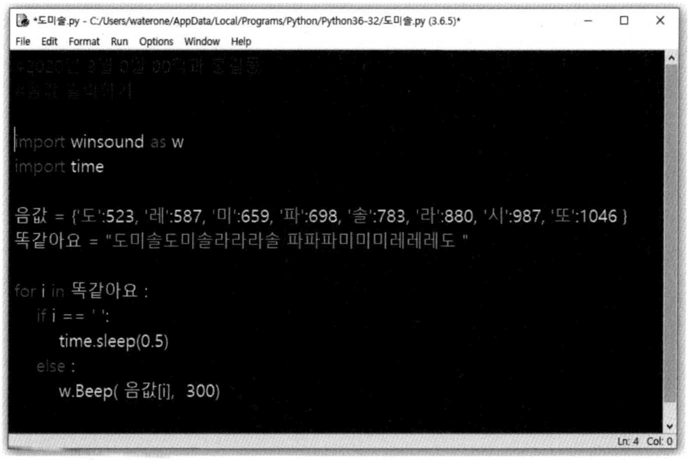

```
import winsound as w
import time

음값 = {'도':523, '레':587, '미':659, '파':698, '솔':783, '라':880, '시':987, '또':1046 }
똑같아요 = "도미솔도미솔라라라솔 파파파미미미레레레도 "

for i in 똑같아요 :
    if i == ' ':
        time.sleep(0.5)
    else :
        w.Beep( 음값[i],  300)
```

그림 10-18. webbrowser 라이브러리 사용하기

표 10-8. 옥타브 표

옥타브	C(도)	C#	D(레)	D#	E(미)	F(파)	F#	G(솔)	G#	A(라)	A#	B(시)
1	33	35	37	39	41	44	46	49	52	55	58	62
2	65	69	73	78	82	87	93	98	104	110	117	123
3	131	139	147	156	165	175	185	196	208	220	233	247
4	262	277	294	311	330	349	370	392	415	440	466	494
5	523	554	587	622	659	698	740	784	831	880	932	988
6	1047	1109	1175	1245	1319	1397	1480	1568	1661	1760	1865	1976
7	2093	2217	2349	2489	2637	2794	2960	3136	3322	3520	3729	3951
8	4186	4435	4699	4978								

핵심 정리

01. 파이썬에는 일상생활에서 사용하는 다양한 기능을 가진 함수가 정의되어 있는 라이브러리들이 있다. math 라이브러리는 수학에 관련된 여러 가지 함수를 포함하고 있어서 수치계산 등에 사용할 수 있다.

------

02. time 라이브러리는 시간에 관련된 여러 가지 함수를 포함한다. sleep 함수, time 함수와 같은 내부 함수가 있다.

------

03. datetime 라이브러리는 date 라이브러리를 포함하고 있으며 날짜에 관련된 여러 가지 함수를 포함하고 있다. date 함수, today 함수가 있다.

------

04. statistics 라이브러리는 통계와 관련된 여러 가지 함수를 포함하고 있다. mean 함수, median 함수와 같은 것이 있다. webbrowser 라이브러리는 웹브라우저와 관련된 라이브러리이다. open 함수를 포함하고 있다.

학습 평가

01. 팩토리얼 값을 구하는 문제를 math 라이브러리의 함수를 이용하여 프로그래밍하시오.

----

02. time 함수를 포함하고 있는 라이브러리의 이름은 무엇인가?

① time ② datetime

③ math ④ statistics

----

03. mean 함수를 포함하고 있는 라이브러리의 이름은 무엇인가?

① time ② datetime

③ math ④ statistics

----

04. 자신의 전공분야 문제 중 파이썬 라이브러리가 필요한 사례를 한 가지 생각해보고 이를 활용하는 간단한 프로그램을 작성해보시오.

실전 문제

01. 다음 프로그램의 출력 결과값을 쓰시오.

```python
from math import *
time1 = 10/20
height = sqrt(3**2+4**2)
time2 = height/10
time3 = height/30
time4 = 8/20
total = time1+time2+time3+time4
print(total)
```

---

02. 다음 프로그램의 출력 결과값을 쓰시오.

```python
fruit = "apple"
for letter in fruit:
    print(letter, end=" ")
```

---

03. 다음 프로그램의 출력 결과값을 쓰시오. (입력: KIU computer)

```python
s = input('문자열을 입력하시오: ')
vowels = "aeiouAEIOU"
result  = ""
for letter in s:
    if letter not in vowels:
        result += letter
print(result)
```

---

04. 다음은 문자열 관련 내장함수를 이용하여 입력한 문자열의 정보를 출력하는 프로그램이다. 출력 결과값을 쓰시오. (입력: KIU computer)

```python
statement = input("문자열을 입력하시오: ")


alphas = 0
digits = 0
spaces = 0


for c in statement:
    if c.isalpha():
        alphas = alphas + 1
    if c.isdigit():
        digits = digits + 1
    if c.isspace():
        spaces = spaces + 1


print ("알파벳 문자의 개수=", alphas)
print ("숫자 문자의 개수=", digits)
print ("스페이스  문자의 개수=", spaces)
```

----

05. 다음 버블 정렬을 수행하는 함수 bubble를 정의하고 이를 이용하는 아래 프로그램을 완성하시오.

```
data = [9, 1, 3, 7, 6, 9]
def bubble(alist):
  for p in range(len(alist)-1):
    for i in range(len(alist)-1):
      if (              ):
        temp = alist[i]
        alist[i] = alist[i+1]
        alist[i+1] = temp

bubble(data)
print(data)
```

그래픽함수
활용하기

- 파이썬에 포함된 터틀 그래픽 라이브러리를 살펴본다.

- 터틀 그래픽 주요 함수를 살펴본다.

【 Review 】

[기초 개념]

- 내장함수: 파이썬에 내장되어 있는
  라이브러리 함수

- 활용: 시간, 날짜, 통계 등 일상생활의
  다양한 문제에 활용

[핵심 내용]

- 라이브러리 사용 선언

  − import 라이브러리명

- 라이브러리 종류

  − math 라이브러리 : sin(), cos(), sqrt(), log()

  − time 라이브러리 : sleep(), time()

  − datetime 라이브러리 : date(), today()

  − statistics 라이브러리 : mean(), median()

  − webbrowser 라이브러리 : open(), urlopen()

【 생킥하기 】

1. 터틀그래픽은 어떻게 활용되는가?

   ☞ 쉘 모드 − Help − Turtle Demo − Examples

2. 터틀그래픽 명령은 어떻게 알 수 있는가?

   ☞ 쉘 모드 − Help − Turtle 라이브러리

이론

【 **학습목표** 】

· 파이썬 라이브러리의 종류를 알 수 있다.

· 파이썬 라이브러리 별로 포함된 중요한 함수를 알 수 있다.

1.1 turtle 라이브러리 사용하기

turtle 라이브러리는 그래픽 작성 기능을 가지는 다양한 함수를 포함한 파이썬 라이브러리이다. turtle 라이브러리에는 이동 관련 함수, 회전/색상 관련 함수, 그리기 관련 함수, 기타 함수들이 있으며 포함하고 있는 자세한 함수의 내역과 사용법은 파이썬 문서(documentation)에서 확인할 수 있다. 파이썬 문서는 인스톨한 파이썬 IDE에서 help 메뉴를 선택하여 내용을 볼 수 있다. 그림 11-1은 turtle 그래픽 파이썬 문서를 보여준다.

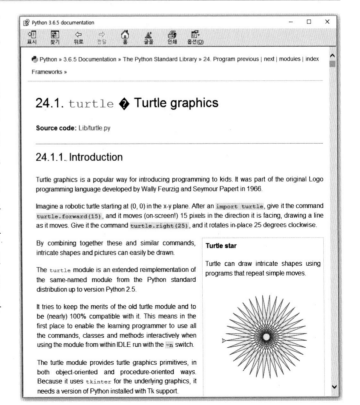

그림 11-1. turtle 그래픽 파이썬 문서

1.2 이동관련 함수

tuetle 라이브러리 중 이동 관련 함수에는 그리기 꼭지점을 이끄는 화살표를 앞으로 또는 뒤로 이동하는 forward 함수와 backward 함수가 있다. 화면의 중심으로 이동하는 home 함수, 펜(화살표)을 올리거나 내리는 penup 함수와 pendown 함수도 포함하고 있다. 자세한 사용법을 뒤의 예를 통해 익힌다. 표 11-1은 이동관련 turtle 라이브러리 함수를 보여준다.

표 11-1. 이동관련 turtle 라이브러리 함수

함수형식	의미	예
forward(n)	앞으로 n만큼 이동	forward(100)
backward(n)	뒤로 n만큼 이동	backward(100)
home()	중심위치로 이동	home()
penup()	펜을 올림	penup()
pendown()	펜을 내림	pendown()
goto(x, y)	지정한 x, y 좌표로 이동	goto(300, 300)

1.3 회전/색상관련 함수

turtle 라이브러리 중 회전과 색상 관련 함수에는 화살표를 오른쪽 또는 왼쪽으로 회전하는 right 함수, left 함수가 있다. 화살표의 색상을 변경하는 color 함수, 선의 색상을 변경하는 pencolor 함수, 화면 배경 색상을 변경하는 bgcolor 함수등이 있다. 표 11-2는 회전/색상관련 turtle 라이브러리 함수를 보여준다.

표 11-2. 회전/색상관련 turtle 라이브러리 함수

함수형식	의미	예
right(n)	오른쪽으로 n도만큼 회전	right(90)
left(n)	왼쪽으로 n도만큼 회전	left(90)
color(c)	거북이 색상 변경	color("red") bluc, green 등 가능
pencolor(c)	선 색상 변경	pencolor("green")
bgcolor(c)	배경 색상 변경	bgcolor("blue")

1.4 그리기관련 함수

turtle 라이브러리 중 그리기 관련 함수에는 원을 그리는 circle 함수, 점을 그리는 dot 함수, 선의 두께를 설정하는 width 함수, 화면을 지우는 clear 함수 등이 있다. 자세한 사용법을 뒤의 예를 통해 익힌다. 표 11-3은 그리기관련 turtle 라이브러리 함수를 보여준다.

표 11-3. 그리기관련 turtle 라이브러리 함수

함수형식	의미	예
circle(n)	반지름이 n인 원 그림	circle(100)
dot.(n)	크기가 n인 점을 그림	dot.(5)
width(n)	선의 두께 설정	width(3)
clear()	화면을 지움	clear()

1.5 기타 함수

turtle 라이브러리에는 이 외에도 화살표의 위치를 지정하는 xcor 함수 ycor 함수가 있고 화살표와 지정 좌표사이의 거리를 계산하는 distance 함수, 화살표의 모양을 바꾸는 shape 함수 등이 있다. 표 11-4는 기타 turtle 라이브러리 함수를 정리한 것이다.

표 11-4. 기타 turtle 라이브러리 함수

함수형식	의미	예
shape()	화살표의 모양 변경	shape("turtle"), turtle, arrow, circle, square, triangle 가능
shapesize(n)	화살표의 크기 변경	shapesize(3), n=1~5
xcor()	터틀의 현재 x 위치	xcor()
ycor()	터틀의 현재 y 위치	ycor()
distance(x, y)	터틀의 위치와 지정 좌표 거리	distance(100, 100)

실습

실습 1. 함수의 형식

실습하기 _ 라이브러리 사용 선언

- import turtle

- import turtle as t

    일반형

    import turtle

    turtle.터틀그래픽함수(파리미터)

    별명형

    import turtle as t

    t.터틀그래픽함수(파라미터)

선그리기 (이동)

- 앞으로 n만큼 이동 : forward(n)

- 뒤로 n만큼 이동 : backward(n)

- 지정한 좌표로 이동 : goto(x, y)

화살표 변경

- 모양 변경 : shape( )

- 크기 변경 : shapesize(n) , n=1~5

회전

- 오른쪽으로 n 도만큼 회전 : right(n)

- 왼쪽으로 n 도만큼 회전 : left(n)

실습하기 _ 그리기

- 반지름이 n 인 원 그림 : circle(n)

- 크기가 n인 점을 그림 : dot.(n)

이동에 필요한 함수

- 펜을 올림 : penup()

- 펜을 내림 : pendown()

색상 변경

- 거북이 색상 변경 : color(c)

- 선 색상 변경 : pencolor(c)

- 배경 색상 변경 : bgcolor(c)

기타

- 선의 두께 설정 : width(n)

- 중심 위치로 이동 : home( )

- 화면을 지움 : clear( )

기타

- 터틀의 현재 x 위치 : xcor( )

- 터틀의 현재 y 위치 : ycor( )

- 터틀의 위치와 지정 좌표사이의 거리: distance(x, y)

turtle 라이브러리 함수의 자세한 사용법

- python 3.6.5 documentation 사용

- Help – Python Docs F1 – 색인 – 'turtle' 검색 – turtle(module

turtle 라이브러리를 프로그램에서 사용하기 위해 선언하는 방법을 우선 익힌다. turtle 라이브러리에 포함된 주요한 함수의 사용법을 확인한다. turtle 라이브러리에 포함된 함수의 자세한 사용법은 그림 11-2와 같이 파이썬 문서를 통해 확인할 수 있다.

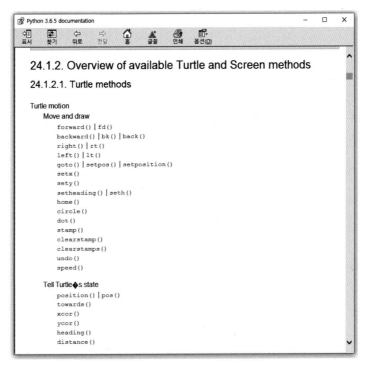

그림 11-2. python documentation

실습하기 _ 원 그리기

- 선 색상 변경

- 원 그리기와 이동하기

- 원 두개 그림

사각형 그리기

- 선 색상 변경

- 선 그리기와 우회전하기 반복

- 사각형 그림

방향전환하며 선 그리기

- 왼쪽 또는 오른쪽으로 회전

- 각 방향별로 60도 회전

- forward 함수로 선그리기

다각형 그리기

- 몇 각형을 그릴지, 수 입력

- forward 함수로 선그리기

- 계산한 각도만큼 right 함수를 이용하여 회전

그림 11-3은 turtle 라이브러리의 shape, shapesize, circle, forward 함수를 이용해서 화살표의 모양, 크기, 색상을 지정하고 원과 선을 그리는 예를 보여준다.

```
import turtle as t
t.shape("turtle")
t.shapesize(2)
t.color("blue")
t.circle(100)
t.forward(200)
t.circle(100)
```

그림 11-3. 원 그리기

그림 11-4와 그림 11-5, 그림 11-6은 각각 사각형, 방향전환하며 선그리기, 다각형 그리기를 수행하는 프로그램을 보여준다.

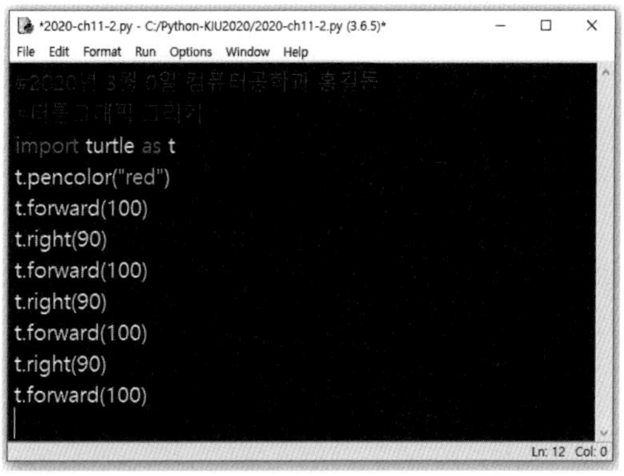

그림 11-4. 사각형 그리기

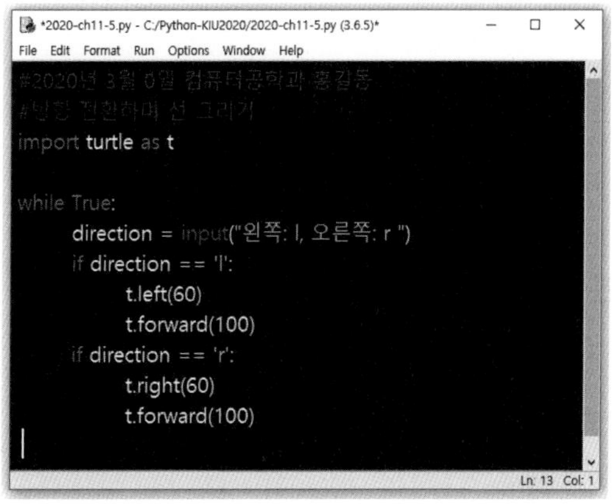

그림 11-5. 방향전환하며 선 그리기

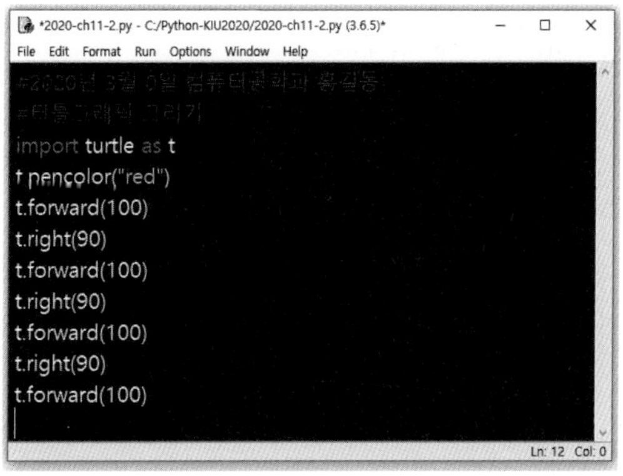

그림 11-6. 다각형 그리예기

핵심 정리

01. turtle 라이브러리는 간단한 그래픽을 만들을 수 있는 함수들이 있다. 이동 관련 함수로 forward, backward, home, penup, pendown 함수 등이 있다.

02. 회전 관련 함수로 right, left 등이 있고, 색상 관련 함수로 color, pencolor, bgcolor 함수 등이 있다.

03. 그리기 관련 함수로 circle, dot, width, clear 함수 등이 있다. 기타 함수로 터틀의 위치를 알기 위한 xcor, ycor, distance(x, y) 함수가 있고, 화살표의 모양을 변경하기 위한 shape, shapesize 함수가 있다.

04. 터틀 라이브러리를 사용하기 위해서는 import turtle 과 같은 선언문이 필요하며 라이브러리 내에 있는 함수의 자세한 사용법은 파이썬 documentation을 참조할 수 있다.

학습 평가

01. 터틀 라이브러리를 사용하기 위해 선언해야하는 명령문을 쓰시오.

---

02. 터틀 라이브러리 중 중심 위치로 이동하는 함수는 무엇인가?

① forward   ② focus

③ center   ④ home

---

03. shapesize 함수의 인자로 적합하지 않은 것은 무엇인가?

① 1   ② 3

③ 5   ④ 7

---

04. 터틀 그래픽의 함수들을 이용하여 간단한 자동차 그래픽을 작성하여 보시오.

실전 문제

01. 터틀 그래픽을 이용하여 길이가 100인 정사각형을 그리는 아래 프로그램을 완성하시오.

```
import turtle
t=turtle.Pen()               # 또는 t=turtle.Turtle()
t.(             )("red")  #펜 색상 지정
t.forward(100)
t.right(90)
t.forward(100)
t.right(90)
t.forward(100)
t.right(90)
t.(          )(100)
```

02. 1번 문제를 for 문을 이용하여 해결하고자 한다. 아래 프로그램을 완성하시오.

```
import turtle
t = turtle.Turtle()
(             )
for i in [          ]:
    t.forward(50)
    t.right(90)
```

03. 터틀 그래픽을 이용하여 아래와 같이 선을 그리고자 한다. 코드를 완성하시오. 단. 선의 길이 각 100, 선의 간격도 100

```
import turtle
t=turtle.Pen()
t.forward(100)
t.(      )
t.forward(100)
t.(      )
t.forward(100)
```

【 출력 예 】

04. 터틀 그래픽을 이용하여 아래와 같이 선을 그리고자 한다. 코드를 완성하시오. 단. 선의 길이 각 100, 선의 간격은 50

```
import turtle as t

for I in range (5):
    t.forward(100)
    t.(      )
    t.forward(50)
    t.(      )
```

【 출력 예 】

05. 원하는 수를 입력하여 그 수만큼의 변을 가지는 다각형을 그리고자 한다. 아래 코드를 완성하시오.

```
n = int(input("몇 각형을 그리시겠습니까?"))

import turtle
t = turtle.Turtle()
t.width(2)
t.pencolor("blue")

for i in range(n) :
    t.forward( 100 )
    t.right(              )
```

06. 터틀 그래픽을 이용하여 아래와 같이 자동차 그래픽을 만들고자 한다. 코드를 완성하시오.

```
import turtle as t

t.forward(250)
t.right(90)
t.forward(100)
t.left(90)
t.forward(100)
t.right(90)
t.forward(100)
t.right(90)
t.forward(100)

t.up()
t.forward(100)
t.down()
t.left( 90 )
```

```
t.circle(50)

t.right(90)

t.forward (50)

t.up()

t.forward(100)

t.down()

t.left( 90 )

t.circle(50)

t.right(90)


t.forward(100)

t.right(90)

t.forward(100)

t.right(90)

t.forward(100)

t.left(90)

t.forward(100)
```

【 출력 예 】

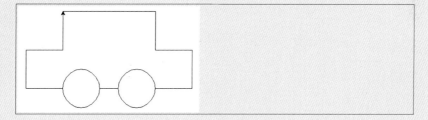

자료구조
사용하기

【 들어가기 】

- 자료구조는 무엇이고 왜 필요한가?

- 자료구조를 지원하는 라이브러리는 어떤 것이 있는가?

- 라이브러리 별로 주요 사용법을 살펴본다.

【 Review 】

[기초 개념]

- 터틀 그래픽: 거북이 모양의 화살표를 가진 파이썬의 그리기 도구

- 터틀 그래픽 라이브러리: 그리기, 이동, 변환 등에 관련된 함수 포함

[핵심 내용]

- 이동/회전관련 함수

  – forward(), backward()

  – home(), penup(), pendown()

  – right(n), left(n)

- 그리기관련 함수

  – circle(n), dot.(n)

  – width(n), clear()

  – color(c)

【 생각하기 】

1. 자료구조는 무엇인가??

☞ 자료를 저장하고 처리하기 위한 구조

2. 자료구조는 왜 필요한가?

☞ 변수: 자료 하나를 저장

☞ 자료구조: 자료 여러 개, 다양한 형태를 저장, 자료를 효율적으로 저장하고 처리

이론

【 학습목표 】

- 자료구조의 의미를 이해할 수 있다.
- 파이썬에서 제공하는 자료구조 관련 함수의 종류를 이해할 수 있다.

1.1 자료구조 이해하기

자료구조(data structure)는 자료를 저장하기 위한 개념적인 구조이다. 일반적으로 변수는 하나의 자료를 저장하지만 자료구조는 여러 개의 자료를 다양한 구조로 저장한다. 파이썬은 다양한 형태의 자료구조를 제공한다. 이 장에서는 파이썬 자료구조 중 list, tuple, dictionary 구조에 대해 살펴본다. 표 12-1은 파이썬 자료구조 라이브러리를 보여준다.

표 12-1. 파이썬 자료구조 라이브러리

라이브러리	기능	특징
list	여러 개 요소 연속 저장	요소 추가, 변경, 삭제 가능
tuple	여러 개 요소 연속 저장	요소 추가, 변경, 삭제 불가능
dictionary	key:value 쌍의 자료 저장	요소 추가, 변경, 삭제, 검색 가능

1.2 list 구조 사용하기

파이썬의 list 구조는 여러 개의 자료를 연속적으로 저장하는 자료구조이다. 저장되는 자료의 중복을 허용한다. 저장할 자료는 대괄호([ ])로 묶어서 표현한다. 파이썬은 C언어의 배열(Array)과 같은 자료구조를 지원하지 않는다. 배열 개념을 리스트를 이용해서 구현할 수 있다. 리스트에 저장되는 자료의 형식은 모두 동일하다. 뒤에 나오는 tuple 구조와는 다르게 저장한 자료의 추가 또는 삭제가 가능하다. 표 12-2는 list 구조 선언 예를 보여준다.

표 12-2. list 구조 선언 예

list 선언 예	특징
scores1 = [90, 85, 90, 100, 95]	– 여러 개 정수 저장 – 순서는 상관없음, 같은 수 중복 가능 – 요소 추가, 변경, 삭제 가능
scores2 = list([90, 85, 80, 100, 95])	– 다음과 같이 선언하는 것도 가능
numbers = [1, 2, 3, ... , 99, 100]	– 정렬된 상태로 저장하는 것도 가능

1.3 tuple 구조 사용하기

파이썬의 tuple 구조는 여러 개의 자료를 연속적으로 저장하는 자료구조이다. list 구조와 같이 여러 개의 자료를 연속적으로 저장한다는 것은 같지만 한번 생성한 자료는 변경하지 못한다는 특징을 가지고 있다. 즉 새로운 요소를 추가하거나 기존 자료를 삭제하지 못한다. tuple 구조를 표현할 때는 소괄호(( ))를 사용하여 표현한다. 표 12-3은 tuple 선언 예를 보여준다.

표 12-3. tuple 구조 선언 예

tuple 선언 예	특징
tuple1 = (10, 20, 30, 40, 50)	– 여러 개 정수 저장 – 순서는 상관없음, 같은 수 중복 가능 – 요소 추가, 변경, 삭제 불가능
tuple2 = tuple((10,20,30,40,50))	– 다음과 같이 선언하는 것도 가능

1.4 dictionary 구조 사용하기

파이썬의 dictionary 구조는 key와 value 구 개의 쌍이 하나의 자료로 구성되어 있고, 이들 자료가 list 구조와 같이 연속적으로 저장되는 자료구조이다. dictionary 구조를 사용할 때는 중괄호({ })를 사용하고 key와 value는 콜론(:)으로 분리하여 표현한다. 저장된 자료는 검색, 추가, 삭제가 가능하다. 표 12-4는 dictionary 선언 예를 보여준다.

표 12-4. dictionary 구조 선언 예

dictionary 선언 예	특징
dict = {"강아지":"dog", "고양이":"cat", "새":"bird"}	– key:value 쌍의 요소를 저장 – 요소 추가, 변경, 삭제, 검색 가능

1.5 list 구조에 적용할 수 있는 함수

표 12-5는 파이썬의 list 구조에 적용할 수 있는 함수를 보여준다. list 구조에 적용할 수 있는 함수들을 사용 예를 통해 익히자. 우선 각 함수의 이름과 역할을 파악하도록 하고, 각 함수의 인자의 개수와 의미를 파악하도록 하자.

표 12-5. list 구조에 적용할 수 있는 함수

함수이름	의미	예, a=[1, 2, 3]
append	리스트 맨 뒤에 추가	a.append(10)
insert	리스트 특정 위치에 추가	a.insert(2, 10)
extend	원래리스트에 다른 리스트 추가	a.extend([4,5,6])
count	리스트 항목 개수 리턴	a.count(2)
remove	특정 항목 모두 지움	a.remove(2)
index	특정 값 위치 알려줌	a.index(3)
sort	리스트 값 오름차순 정렬	a.sort( )
reverse	리스트 순서를 거꾸로 바꿈	a.reverse( )
pop	맨 뒤 항목 삭제 및 리턴	a.pop( )

실습

【 학습목표 】

- 자료구조 관련 함수의 사용법을 이해할 수 있다.

- 자료구조 관련 함수를 응용문제에 적용할 수 있다.

실습 1. list 구조 사용하기

실습하기 _ list 구조 사용 예 1

- 5개 점수를 저장하는 리스트 scores 생성

- scores 리스트의 평균을 구하여 출력

- 리스트의 인덱스 0, 4 인 요소 출력, 인텍스 3인 요소의 값을 5증가

list 구조 사용 예 2

- 리스트 a 생성, 맨 뒤에 3을 추가, 인덱스 1에 8을 추가

- 리스트 b를 생성하고, 리스트 a에 더함

- 요소 5의 개수를 출력, 리스트 a를 정렬하고 출력

list 구조 사용 예 3

- 리스트 a 생성, 같은 값도 중복 가능

- 10값을 가지는 요소 개수 출력

- 30값을 가지는 요소 삭제, 이때 처음 발견하는 요소만 삭제

- 20값을 가지는 요소의 인덱스 출력

- 인덱스 3에 50을 삽입함

- 리스트를 역순으로 배열하고 출력

- 마지막 값 10을 꺼내어 출력

- 마지막 남은 리스트를 출력

list 구조의 사용 예를 통해 list 구조의 사용법을 익히도록 한다. 그림 12-1은 5개의 점수를 저장한 list를 선언하고 구성 요소를 검색하고, 수정하며, 출력하는 예를 보여준다. 점수 90과 같이 중복된 요소를 저장할 수 있다. 그림 12-2는 그림 12-1 코드의 실행결과를 보여준다. 출력한 값들이 나타난다. 그림 12-3과 그림 12-4는 생성한 리스트에 각종 함수를 적용하여 요소의 추가, 삽입, 연결, 카운트, 정렬 등을 적용한 예를 보여준다.

그림 12-1. list 구조 함수 사용하기 1

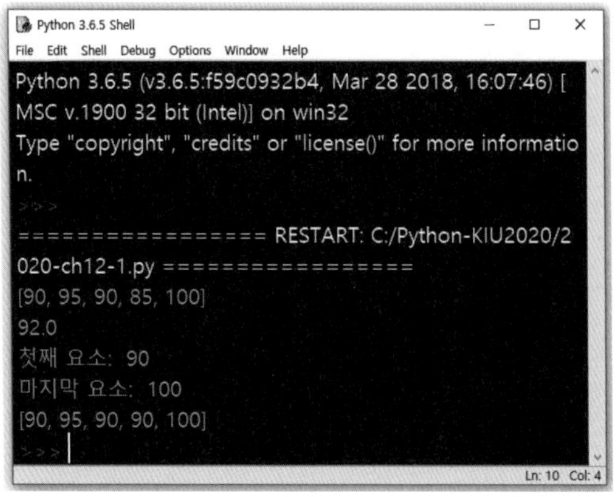

그림 12-2. 실행 결과

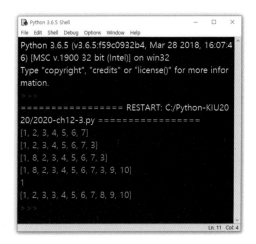

```
#2020년 3월 9일 컴퓨터공학과 홍길동
list 구조 익히기 2
a = [1, 2, 3, 4, 5, 6, 7]
print(a)
a.append(3)
print(a)
a.insert(1, 8)
print(a)
b = [9, 10]
a.extend(b)
print(a)
print(a.count(5))
a.sort()
print(a)
```

그림 12-3. list 구조 함수 사용하기 2

```
Python 3.6.5 (v3.6.5:f59c0932b4, Mar 28 2018, 16:07:4
6) [MSC v.1900 32 bit (Intel)] on win32
Type "copyright", "credits" or "license()" for more infor
mation.
>>>
=================== RESTART: C:/Python-KIU20
20/2020-ch12-3.py ===================
[1, 2, 3, 4, 5, 6, 7]
[1, 2, 3, 4, 5, 6, 7, 3]
[1, 8, 2, 3, 4, 5, 6, 7, 3]
[1, 8, 2, 3, 4, 5, 6, 7, 3, 9, 10]
1
[1, 2, 3, 4, 5, 6, 7, 8, 9, 10]
>>>
```

그림 12-4. 실행 결과

그림 12-5는 리스트 구조에서 특정 항목의 개수를 구하고, 특정 요소를 삭제하고, 특정요소의 인덱스 값을 구하며, 특정 요소를 삽입하고, 리스트를 역순으로 나열하며, 맨 뒤 항목을 삭제하는 다양한 함수의 적용 예를 보여준다. 그림 12-6은 실행 결과를 보여준다.

그림 12–5. list 구조 함수 사용하기 3

```
a = [10, 20, 30, 10, 20, 50, 70, 30, 90]
print(a.count(10))
print(a)
a.remove(30)
print(a)
print(a.index(20))
a.insert(3, 50)
print(a)
a.reverse()
print(a)
print(a.pop())
print(a)
```

```
Python 3.6.5 (v3.6.5:f59c0932b4, Mar 28 2018, 16:07:
46) [MSC v.1900 32 bit (Intel)] on win32
Type "copyright", "credits" or "license()" for more infor
mation.
>>>
================= RESTART: C:/Python-KIU20
20/2020-ch12-4.py =================
2
[10, 20, 30, 10, 20, 50, 70, 30, 90]
[10, 20, 10, 20, 50, 70, 30, 90]
1
[10, 20, 10, 50, 20, 50, 70, 30, 90]
[90, 30, 70, 50, 20, 50, 10, 20, 10]
10
[90, 30, 70, 50, 20, 50, 10, 20]
>>>
```

그림 12–6. 실행 결과

실습 2. tuple 구조 사용하기

실습하기 _ tuple 구조 사용하기

- list: 튜플을 리스트로 변환

- tuplet: 리스트를 튜플로 변환

- 튜플에서는 항목 추가, 삭제 불가

- 튜플에서 괄호 생략 가능

dictionary 구조 사용하기

- 구성요소: key와 value 쌍

- keys( )

- values( )

- 항목 검색, 항목 추가, 항목 삭제 가능

tuple 구조 함수 사용하기

- 5개 점수를 저장하는 리스트 scores 생성

- scores 리스트의 평균을 구하여 출력

- 리스트의 인덱스 0, 4 인 요소 출력, 인덱스 3인 요소의 값을 5증가

dictionary 구조 함수 사용하기

- 동물한글이름, 동물영어이름 으로 구성된 dictionary 생성

- 키와 값을 출력, "강아지" 키의 값을 출력

- 사람: human 요소를 추가, 새라는 key 요소를 삭제

그림 12-7은 tuple 구조에 다양한 함수를 적용한 예를 보여준다.

2020-ch12-5.py - C:/Python-KIU2020/2020-ch12-5.py (3.6.5)
File Edit Format Run Options Window Help
t = (10, 20, 30, 40, 50)
print(t)
print(t)
list = list(t)
print(list)
list.append(60)
print(list)
t2 = tuple(list)
print(t2)
Ln: 2 Col: 15

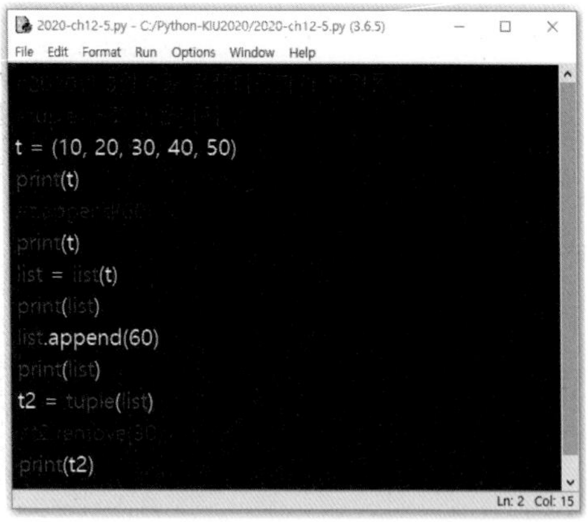

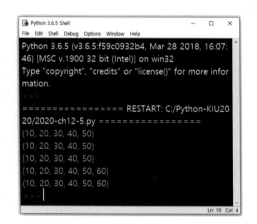

그림 12-7. tuple 구조 함수 사용하기

그림 12-8은 그림 12-7 코드의 실행 결과를 보여준다. tuple 구조는 구성요소를 변경할 수 없으므로 tuple을 list로 변환하여 구성요소를 추가하고 다시 tuple 로 변환하여 구성요소를 출력하고 있다. 그림 12-9는 dictionary 구조에 다양한 함수를 적용한 예를 보여주고 있다. 한글동물이름으로 된 key와 영어동물이름으로 된 value 쌍으로 요소들이 저장되어 있다. key와 value값을 조회할 수 있다.

Python 3.6.5 Shell
File Edit Shell Debug Options Window Help
Python 3.6.5 (v3.6.5:f59c0932b4, Mar 28 2018, 16:07:46) [MSC v.1900 32 bit (Intel)] on win32
Type "copyright", "credits" or "license()" for more information.
>>>
================ RESTART: C:/Python-KIU2020/2020-ch12-5.py ================
(10, 20, 30, 40, 50)
(10, 20, 30, 40, 50)
[10, 20, 30, 40, 50]
[10, 20, 30, 40, 50, 60]
(10, 20, 30, 40, 50, 60)
>>>
Ln: 10 Col: 4

그림 12-8. 실행 결과

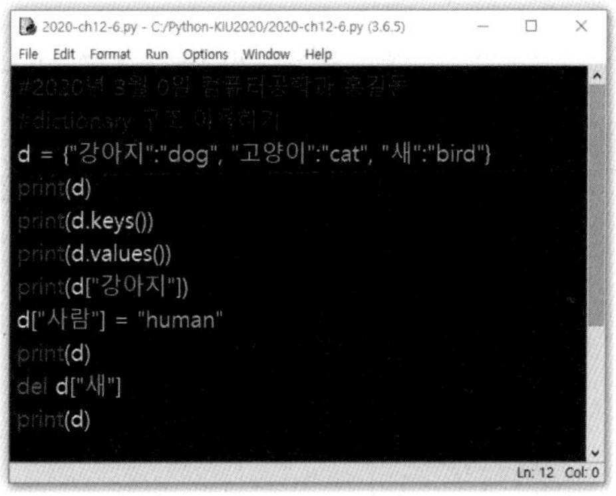

그림 12-9. dictionary 구조 함수 사용하기

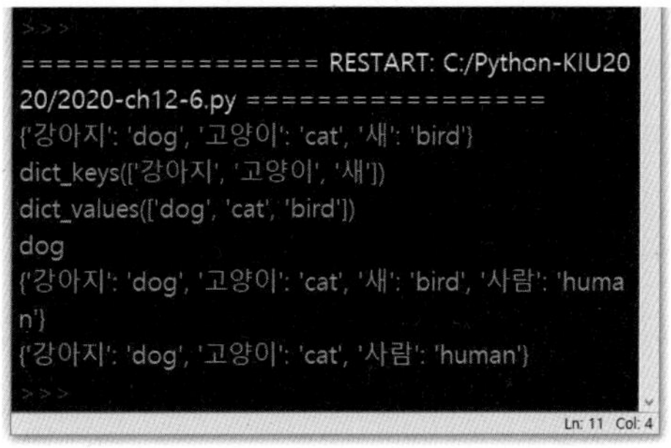

그림 12-10. 실행 결과

핵심 정리

01. 자료구조는 자료를 저장하기 위한 구조이며 변수의 확장이라고 할 수 있다. 파이썬에는 list, tuple, dictionary 와 같은 자료구조가 있다.

----

02. list 구조는 여러 개의 자료를 연속적으로 저장하는 자료구조이며, C언어의 배열과 같은 역할을 한다. 리스트 구조는 항목 삽입, 삭제, 정렬 등이 가능하며 이를 위한 함수들이 정의되어 있다.

----

03. tuple 구조는 list 구조와 같이 여러 개의 자료를 저장하는 구조이지만, list 구조와 달리 한번 저장된 요소는 삽 입, 삭제 등이 불가능하다. list 구조를 tuple 구조로 변경하거나 tuple 구조를 list 구조로 변경할 수 있다.

----

04. dictionary 구조는 key와 value 쌍으로 표현되는 요소가 저장된 자료구조이다. Key값을 가지고 value 값을 얻어낼 수 있다. 요소의 추가 및 삭제가 가능한 자료구조이다.

학습 평가

01. list 구조와 tuple 구조의 차이점을 설명하시오.

----

02. list 구조에 속한 함수가 아닌 것은 무엇인가?

① append   ② indexof

③ extend   ④ reverse

----

03. tuple 구조를 list 구조로 변환하는 함수는 무엇인가?

① tuple   ② change

③ list   ④ values

----

04. 자신의 전공분야 문제 중 자료구조가 필요한 사례를 한 가지 생각해보고, 앞서 학습한 자료구조들을 활용하는 간단한 프로그램을 작성해보시오.

실전 문제

01. 순서가 있는 항목들의 모임과 가장 관련이 있는 자료구조는 무엇인가?(　　)

① 스택　　　　　　　② 큐　　　　　　　③ 리스트　　　　　　　④ 함수

02. 다음 결과값은 무엇인가? (　　　　)

```
list_a=[10, 20, 30, 40, 50]
print(list_a[2])
```

----

03. 2번 문제에서 40을 35라는 값으로 변경하는 명령을 쓰시오.

----

04. 아래와 같은 리스트가 선언되어 있다. 다음 작업을 처리하고자 할 때 가장 적절한 명령어는 무엇인가?

```
score = [32, 56, 64, 72, 12]
```

① 2번째 요소 참조:

② 3번째 요소 제거:

③ 리스트의 최대값:

④ 리스트의 정렬:

----

05. 리스트를 이용하여 5개 과목의 점수를 저장하고, 합과 평균을 구하여 출력하는 다음 프로그램을 완성하시오.

```
jumsu=[90, 88, 95, 100, 97]
s=0
i=0
while i<5:
  s = s+ jumsu[i]
  i = i+1
print("합=",①            )
print("평균=",②              )
```

06. 아래의 버블 정렬 알고리즘을 완성하시오.

```
list=[90, 10, 23, 17, 56, 39]
n=6
while n > 0:
    (①                  )
    i=0
    while i < last-1:
        if (②                  ):
            temp = list[i]
            list[i]=list[i+1]
            list[i+1] =temp
        i=i+1
    (③                  )

i=0
n=6
while i < n:
    print(list[i], end=" ")
    i=i+1
```

07. 리스트를 이용하여 학생 5명의 성적을 입력받고, 합계와 평균점수를 구하고, 80점이상인 학생의 수를 구하는
프로그램을 작성하고자 한다. 아래 물음에 답하시오.

1) ①에 입력한 점수를 scores 리스트에 추가

2) ②에 80점 이상인 점수를 판별

3) ③scores 리스트를 정렬

4) ④최고점수를 구하여 출력

5) ⑤최저점수를 구하여 출력

```python
STUDENTS = 5
scores = []
scoreSum = 0
for i in range(STUDENTS):
        jumsu = int(input("성적 입력=>"))
        (①                       )
        scoreSum += jumsu
scoreAvg = scoreSum / len(scores)
highScore=0
for i in range(len(scores)):
        if (②                    ):
                highScore += 1

print("평균: ", scoreAvg)
print("우수학생수(80점이상): ", highScore, "명")
(③                  )
print(scores)
print("최고점수: ", (④              ))
print("최저점수: ", (⑤              ))
```

13

클래스 활용하기

- 객체지향은 무엇이고 클래스는 무엇인가?

- 객체지향 프로그램의 특징은 무엇인가?

- 클래스는 어떤 구조인가?

【 Review 】

[기초 개념]

- 자료구조: 자료를 저장하기 위한 구조

- 파이썬의 자료구조 종류: list, tuple, dictionary

[핵심 내용]

- 자료구조 종류

  – list: 여러 개의 자료를 연속적으로 저장하는 자료구조

  – tuple: 여러 개의 자료를 연속적으로 저장하는 자료구조, 요소 변경 불가

  – dictionary: 사전 구조, key와 value 쌍으로 구성

- 자료구조의 활용

  – list: C언어의 배열(array)과 유사

  – tuple: 요소 변경 하지 않는 여러 개 자료의 저장

  – dictionary: key와 value 쌍으로 구성된 각종 데이터 저장

【 생각하기 】

1. 객체지향이 쉬운가?

   ☞ 절차지향과 비교 필요

   ☞ 절차지향언어: C, Basic 객체지향언어: C++, Java

2. 객체지향 언어와 절차지향 언어는 어떤 차이점이 있는가?

   ☞ 클래스중심 vs 함수중심

이론

1.1 객체지향 개념

객체지향(object-oriented)은 프로그램을 통해 해결하고자 하는 문제영역(problem domain)에서 행위의 중심이 되는 객체(object)를 중심으로 프로그램을 구성해나가는 프로그래밍 패러다임(programming paradigm)이다. 객체지향 프로그래밍에서 문제영역의 객체를 구분해내는 작업은 핵심적이 절차이고 중요하다. 구분해낸 객체는 분석하여 객체가 가지는 공통적인 속성(Attribute)과 행위(operation)를 추출하고 이는 프로그램에서 정의하게 될 클래스(class)의 기초자료로 이용한다. 클래스는 객체의 속성과 행위로 구성된 구조로서 객체지향 프로그램의 핵심 요소가 된다. 예를 들어 프로그램을 통해 해결하고자 하는 문제가 "컴퓨터공학과 3학년 학생들의 중간고사 성적을 처리하는 것"이라고 할 때 그림 13-1과 같이 문제 영역에서 행위의 중심은 '학생' 객체라고 할 수 있고 이로부터 공통적인 특성과 행위를 추출하고 이를 바탕으로 학생 클래스를 만들 수 있다.

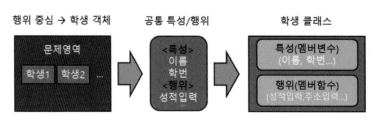

그림 13-1. 객체의 구별과 클래스의 생성

1.2 클래스 구조

파이썬은 객체지향 개념을 지원하는 언어이며, 파이썬에서 지원하는 클래스의 구조는 그림 13-2와 같다. 그림과 같이 클래스는 클래스의 이름, 클래스의 변수(속성), 클래스의 멤버함수(행위)로 구성되어 있다. C++, Java와 같은 다른 객체지향 언어와 구성요소는 유사하나 변수와 멤버함수의 선언 방법이 다소 다르다. 특히 멤버함수의 선언방법에 주의하여야 한다.

클래스 구조
class 클래스이름 : 　　변수1 = 기본값 　　변수2 = 기본값 　　def 멤버함수1(self, 파라미터, ...) 함수정의 　　def 멤버함수2(self, 파라미터, ...) 함수정의

그림 13-2. 클래스의 구조

1.3 클래스의 정의

그림 13-3은 Student 클래스의 선언 예를 보여준다. '학생의 정보를 저장하고 관리하는 프로그램을 작성하라'라는 문제영역에서 학생(Student)는 행위의 중심이 될 수 있으므로 객체로 선정하고 이들의 공통적인 속성과 행위를 구별해낸다. 공통적인 속성은 이름(name), 학번(id), 학년(grade), 전화번호(phone)이 있으므로 이들을 클래스의 변수로 정의한다. 학생이 취할 수 있는 공통적인 행위는 여러 가지가 있을 수 있지만 여기서는 학생 정보를 저장하고(set_info), 이름을 출력하고(print_name), 전화번호를 출력하는(print_phone) 행위를 멤버함수로 정의한다.

1.4 인스턴스 객체의 생성과 프로그램 구현

클래스를 정의하면 프로그래밍이 끝난 것은 아니다. 함수를 정의하고 함수호출을 통해 정의한 함수를 사용하듯이, 정의한 클래스에 대한 인스턴스객체(instance object)를 생성하고 인스턴스객체의 행위(멤버함수)를 통해 프로그램에서 해결하고자 하는 문제를 해결해나간다. 그림 13-4는 Student 클래스의 인스턴스객체를 생성하고 사용하는 예를 보여준다. 예에서 생성된 인스턴스객체는 'kim'이다. 인스턴스객체인 'kim'의 멤버함수를 실행함으로써 문제를 해결해나간다.

Student 클래스 선언 예

```
class Student:
    name = None
    id = None
    grade = None
    phone = None

    def set_info(self, n, I, g, p):
        self.name = n
        self.id = l
        self.grade = g
        self.phone = p
    def print_name(self):
        print("이름 : ", self.name)
    def print_phone(self):
        print("전화번호 : ", self.phone)
```

그림 13-3. Student 클래스 선언 예

Student 클래스 선언 예

```
class Student:
    name = None
    id = None
    grade = None
    phone = None

    def set_info(self, n, I, g, p):
        self.name = n
        self.id = l
        self.grade = g
        self.phone = p
    def print_name(self):
        print("이름 : ", self.name)
    def print_phone(self):
        print("전화번호 : ", self.phone)

kim = Student()
kim.set_info("김길동", 2020001, 1, "010-1111-22222")
kim.print_name()
kim.print_phone()
```

그림 13-4. Student 클래스의 인스턴스객체 생성과 사용 예

실습

【 학습목표 】

- 클래스를 정의할 수 있고, 이를 프로그램 내에서 사용할 수 있다.

- 클래스를 다양한 응용 객체지향 프로그래밍에 활용할 수 있다.

실습 1. 객체지향과 클래스

실습하기 _ 객체지향 개념

- 객체지향: 문제 영역의 객체 행위 중심의 프로그래밍 패러다임

- 객체지향 프로그램: 객체지향 기법을 도입하여 작성한 프로그램

- 클래스: 객체의 특징(특성)과 행위로 구성된 구조

- 객체지향의 세 가지 특징: 캡슐화(정보은닉), 상속성, 다형성

클래스 생성

- 문제 영역에서 행위의 중심이 되는 것 조사

- 그들의 공통적인 특징, 행위 조사

- 공통적인 특징은 변수(속성, 특징)으로, 행위는 멤버함수(행위, 메소드)로 정의

- 클래스 정의 후, 프로그램 내에서 객체 생성, 객체의 행위로 문제 해결

객체지향과 관련된 개념을 익히자. 객체지향, 객체지향 프로그램, 클래스의 개념을 익히자. 아울러 객체지향 프로그래밍의 세 가지 특징을 알 필요가 있다. 캡슐화(encapsulation), 상속성(inheritance), 다형성(polymorphism)이 그것이다. 캡슐화는 클래스 내에는 멤버 변수를 통해 속성을 나타내는 정보를 저장하고 외부로부터 접근을 차단하거나 제한하여 정보를 보호한다. 저장된 정보가 클래스라는 캡슐에 쌓여있기 때문에 보호가 가능한 것이다. 클래스는 부모와 자식 간의 관계와 같이 유전관계를 맺는 것이 가능하다. 상속성은 부모 클래스의 속성과 행위가 자식 클래스에 의해 사용될 수 있는 성질을 말한다. 상속성에 의해 자식 클래스의 인스턴스객체는 부모 클래스의 멤버함수를 호출하여 사용할 수 있다. 다형성은 여러 형태의 자식 클래스가 부모 클래스의 멤버함수를 호출하였을 때 각각 다르게 실행(반응)할 수 있도록 하는 것이다.

문제영역에서 객체를 구분하고 클래스를 유도하는 과정을 익혀보자. 표 13-1은 객체를 구분하고 클래스를 생성하는 과정을 보여준다. 프로그램을 통해 해결하고자 하는 문제가 "컴퓨터공학과 3학년 학생들의 중간고사 성적을 처리하는 것"이라고 할 때 문제영역에서 행위의 중심이 되는 것은 '학생'이고 이는 객체가 된다. 객체의 공통적인 특징과 행위를 추출하여 클래스를 만들 수 있다. 추출한 특징과 행위를 기반으로 클래스의 멤버 변수와 멤버 함수를 만들 수 있다. 그림 13-5는 그 과정을 보여준다.

표 13-1. 문제영역에서 객체의 구분과 클래스의 유도

객체의 구분과 클래스의 생성	
문제	컴퓨터공학과 3학년 학생들의 중간고사 성적을 처리
행위의 중심(객체)	학생
특성(특징)	이름, 학번, 주소, OS점수, DB점수, …
행위	주소입력, 성적입력, …
클래스 이름	Student (학생)
멤버 변수	name(이름), id(학번), address(주소), os(OS점수), db(DB점수)
멤버 함수	input_address(주소입력), input_jumsu(점수입력)

컴퓨터공학과 3학년 학생
박미순 김길동 윤미라 이길동

행위의 중심, 학생 객체

공통적
속성/행위

Student (정보집합체, 클래스)

<박미순>　<김길동>　<윤미라>　<이길동>
이름:박미순　이름:김길동　이름:윤미라　이름:이길동
학번:1001　학번:1002　학번:1003　학번:1004
주소:대구　주소:서울　주소:부산　주소:경북
OS:90　OS:75　OS:95　OS:99
DB:80　DB:85　DB:85　DB:95
주소입력:　주소입력:　주소입력:　주소입력:
성적입력:　성적입력:　성적입력:　성적입력:

공통적
속성/행위

<학생, 정보집합체, 클래스>
이름
학번
주소　　　Attributes
OS　　　　(속성)
DB
주소입력　} Behaviors
성적입력　　(행위)

그림 13-5. 객체의 구별과 클래스의 생성

실습 2. 클래스 활용하기

실습하기 _ Studen 클래스

- Student의 공통적인 특징: 이름(name), 학번(id), 학년(grade), 전화번호(phone)

- Student의 공통적인 행위: 이름을 출력 (print_name), 전화번호를 출력(print_phone)

- Student의 객체 hong 생성

Circle 클래스

- 특징: 반지름(radius), 파이값(pi)

- 행위: 반지름 설정(set_radius), 둘레구함(circum), 면적구함(area)

- Circle의 객체 c1 생성

그림 13-6은 Student 클래스를 파이썬 코드로 정의하고 인스턴스객체를 만들어 정의한 클래스를 활용한 예를 보여준다. 이 예에서 인스턴스객체는 'hong'이다.

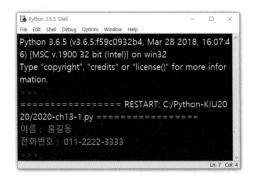

그림 13-6. Student 클래스 정의하기

그림 13-7은 그림 13-6의 실행결과를 보여준다. 그림 13-8과 그림 13-9는 Circle 클래스를 정의하고 이용하는 예를 보여준다. 이 예에서 인스턴스객체는 'c1'이다.

그림 13-7. Student 객체 생성과 실행

```
# 2020년 3월 0일 컴퓨터공학과 홍길동.
# 클래스 활용하기 2
class Circle :
        radius = 0
        pi = 3.14
        def set_radius(self, r):
                self.radius = r
        def circum(self):
                cir = 2*self.pi*self.radius
                print("원의 둘레 : ", cir)
        def area(self):
                a = self.radius*self.radius*self.pi
                print("원의 면적 : ", a)


c1 = Circle()
r=int(input("반지름입력=>"))
c1.set_radius(r)
c1.circum()
c1.area()
```

그림 13-8. Circle 클래스 정의하기

```
Python 3.6.5 (v3.6.5:f59c0932b4, Mar 28 2018, 16:07:
46) [MSC v.1900 32 bit (Intel)] on win32
Type "copyright", "credits" or "license()" for more infor
mation.
>>>
================ RESTART: C:/Python-KIU20
20/2020-ch13-2.py ================
반지름입력=>7
원의 둘레 :  43.96
원의 면적 :  153.86
>>>
```

그림 13-9. Circle 객체 생성과 실행

실습 3. 생성자 추가

실습하기 _ Studen 클래스

- Circle 클래스에 생성자 추가

- 생성자 : 객체 생성 시 수행 메소드

- C1객체, C2객체 생성 시에 생성자 수행됨

생성자 추가 2

- Square 클래스의 생성자 정의

- S1 객체 생성 시 생성자 수행

그림 13-10은 Circle 클래스를 정의하여 원의 반지름 정보를 저장하고 멤버함수를 통해 원의 둘레와 면적을 구하는 프로그램을 보여준다.

```python
#2020년 3월 0일 컴퓨터공학과 홍길동
#클래스 활용하기 2 - 생성자 추가
class Circle :
        radius = 0
        pi = 3.14
        def __init__(self, r=5):
            print("객체생성!")
            self.radius=r
        def set_radius(self, r):
            self.radius = r
        def circum(self):
            cir = 2*self.pi*self.radius
            print("원의 둘레 : ", cir)
        def area(self):
            a = self.radius*self.radius*self.pi
            print("원의 면적 : ", a)

c1 = Circle()
r=int(input("반지름입력=>"))
c1.set_radius(r)
c1.circum()
c1.area()

c2 = Circle()
c2.circum()
c2.area()
```

그림 13-10. 클래스 정의와 사용 예 (생성자 추가 1)

앞의 그림 13-8의 Circle 클래스와 다른 점은 생성자(constructor)가 있다는 것이다. 생성자는 클래스의 인스턴스객체가 생성될 때 함께 실행되는 함수를 말한다. 파이썬에서 생성자는 그림 13-10에서 보듯이 '__int__'와 같은 이름으로 생성자 함수를 정의한다. 보통 멤버 변수의 값을 초기화할 때 사용한다. 그림 13-11은 그림 13-10의 실행결과를 보여준다. 그림 13-12는 정사각형의 정보를 저장하고 출력하는 Square 클래스를 정의하고 이용하는 예를 보여준다. 그림 13-13은 실행결과를 보여준다.

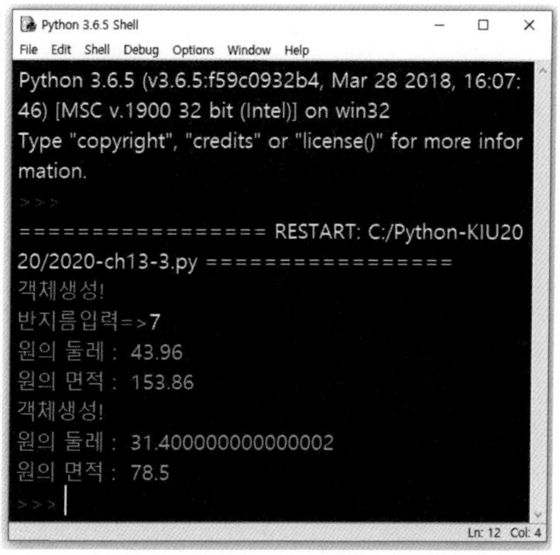

그림 13-11. 실행 결과

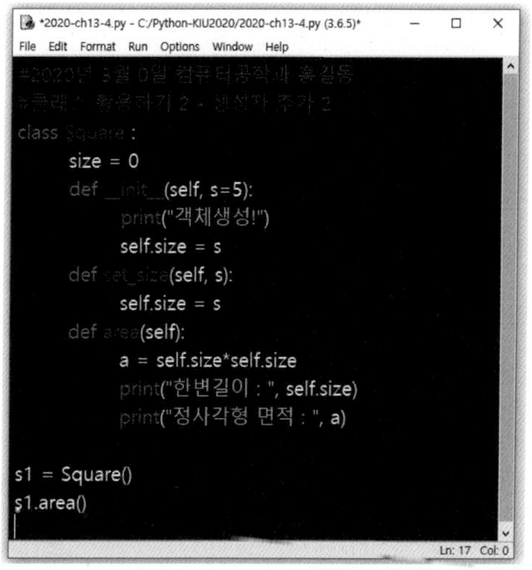

그림 13-12. 클래스 정의와 사용 예 (생성자 추가 2)

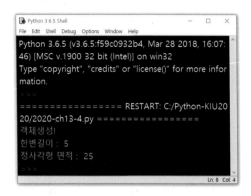

그림 13-13. 실행 결과

실습 4. 상속 개념

실습하기 _ 상속

- 개념: 자식 클래스가 부모 클래스의 특징(변수)과 멤버함수(메소드)를 물려받아 사용할 수 있는 것

- 상속 선언: 클래스 선언시 괄호에 부모 클래스 명시

- 예, Dog(Animal): 자식 클래스는 Dog, 부모 클래스는 Animal

- 자식 클래스 Dog 는 부모 클래스 Animal에 정의된 멤버변수, 멤버함수를 모두 사용할 수 있음

- 따라서 객체 dog1은 부모 클래스 Animal의 멤버함수 print_name을 사용하고 있음

- 마찬가지로 객체 cat1은 부모 클래스 Animal의 멤버함수 print_name을 사용하고 있음

그림 13-14는 상속이 실현된 프로그램의 예를 보여준다. 이 예에서 부모 클래스 Animal과 자식 클래스는 Dog, Cat은 서로 상속관계를 맺고 있다. 상속관계는 자식 클래스를 생성할 때 선언함으로써 이루어진다. 예를 들어 Dog 클래스를 선언하면서 'Dog(Animal)'과 같이 상속받을 부모 클래스의 이름을 괄호 안에 명시한다. 상속을 선언함으로써 자식 클래스는 부모 클래스에 정의된 멤버 변수와 멤버 함수를 상속받아 사용할 수 있게 된다. 'dog1.print_name'과 같이 부모 클래스인 Animal 클래스에 정의된 멤버함수를 호출하여 사용할 수 있게 된다. 그림 13-15는 그림 13-14 프로그램의 실행결과를 보여준다.

```
#2020년 3월 0일 컴퓨터공학과 홍길동
#상속 개념
#부모 클래스
class Animal:
    name = None
    def __init__(self, n):
        print("Animal!")
        self.name = n
    def print_name(self):
        print("이름 : ", self.name)


#자식 클래스
class Dog(Animal):
    dog_color = None
    def __init__(self, d, n):
        print("Dog!")
        super().__init__(n)
        self.dog_color = d
    def speak(self):
        print(self.dog_color, "색 : 멍멍!")


#자식 클래스
class Cat(Animal):
    cat_color = None
    def __init__(self, c, n):
        print("Cat!")
        super().__init__(n)
        self.cat_color = c
    def speak(self):
        print(self.cat_color, "색 : 야옹!")


dog1 = Dog("까망", "멍멍이")
dog1.speak()
dog1.print_name() #부모 클래스 메소드 호출

cat1 = Cat("빨강", "야옹이")
cat1.speak()
cat1.print_name() #부모 클래스 메소드 호출
```

그림 13-14. 상속이 실현된 프로그램 예

[Python 3.6.5 Shell]

```
Python 3.6.5 (v3.6.5:f59c0932b4, Mar 28 2018,
16:07:46) [MSC v.1900 32 bit (Intel)] on win32
Type "copyright", "credits" or "license()" for mo
re information.
>>>
================= RESTART: C:/Python
-KIU2020/2020-ch13-5.py ============
=====
Dog!
Animal!
까망 색 : 멍멍!
이름 : 멍멍이
Cat!
Animal!
빨강 색 : 야옹!
이름 : 야옹이
>>>
```

그림 13-15. 실행 결과

실습 5. 다형성 개념

실습하기 _ 다형성

- 개념: 부모 클래스에 정의된 멤버함수의 동작이 어떤 자식 클래스의 객체가 호출하느냐에 따라 다르게 반응하는 것

- 부모 클래스 : Animal

- 자식 클래스 : Dog, Car

- 부모 클래스 객체(변수) a 생성

- a 객체변수에 dog1 객체 대입 후 speak 호출 –> 까망색 멍멍 출력 (Dog 클래스의 speak) 호출

- a 객체변수에 cat1 객체 대입 후 speak 호출 –> 빨강색 야옹 출력 (Cat 클래스의 speak) 호출

- 오버라이딩(Overriding) 개념 부연 설명 필요

그림 13-16은 다형성이 실현된 프로그램의 예를 보여준다. 앞 실습의 예와 같이 부모 클래스 Animal 과 자식 클래스는 Dog, Cat은 서로 상속관계를 맺고 있다. 그런데 여기서는 부모 클래스에 정의된 speak 멤버함수와 자식 클래스에 정의된 speak 멤버함수에 집중할 필요가 있다. 부모 클래스에 정의된 멤버 함수는 자식이 상속받아 사용하면 되는데 왜 자식 클래스에서 같은 멤버함수 이름으로 다시 정의를 했지?라는 의문이 생길 것이다. 이는 부모 클래스에서 멤버함수를 정의하였지만 자식 클래스에서는 부모 클래스와 다른 동작이 이루어지도록 할 필요가 있기 때문이다. 부모 speak 멤버함수에서는 동물이 어떻게 소리낼 지 알 수 없으므로 '미확정'으로 출력되지만 Dog 자식 클래스는 '멍멍', Cat 자식 클래스는 '야옹'으로 소리낼 수 있으므로 각각 자식 객체에 맞는 소리를 출력할 필요가 있다. 이와 같이 부모 클래스의 멤버함수를 자식 클래스에서 다시 정의하는 것을 오버라이딩(Overriding)이라고 한다. 예에서 부모 클래스의 인스턴스객체 'a'가 생성하고 여기에 자식 인스턴스객체 'dog1'을 대입하고 멤버함수 speak를 호출하였고, 또 자식 인스턴스객체 'cat1'을 대입하고 멤버함수 speak를 호출하였다. 이때 같은 부모 인스턴스객체의 멤버함수 speak를 호출하였지만 어떤 자식 인스턴스객체가 호출하였느냐에 따라 각각 다르게 반응하였다. 이와 같은 성질을 다형성이라고 한다. 다형성의 개념은 상속성, 오버라이딩이라는 개념과 함께 실현될 수 있는 개념이다. 그림 13-17은 그림 13-16의 실행결과를 보여준다.

```
#2020년 3월 0일 컴퓨터공학과 홍길동
#상속 & 다형성 개념
class Animal:
    name = None
    def __init__(self, n):
        print("Animal!")
        self.name = n
    def print_name(self):
        print("이름 : ", self.name)
    def speak(self):
        print("미확정")


class Dog(Animal):
    dog_color = None
    def __init__(self, d, n):
        print("Dog!")
        super().__init__(n)
        self.dog_color = d
    def speak(self):
        print(self.dog_color, "색 : 멍멍!")


class Cat(Animal):
    cat_color = None
    def __init__(self, c, n):
        print("Cat!")
        super().__init__(n)
        self.cat_color = c
    def speak(self):
        print(self.cat_color, "색 : 야옹!")

dog1 = Dog("까망", "멍멍이")
dog1.speak()
dog1.print_name()

cat1 = Cat("빨강", "야옹이")
cat1.speak()
cat1.print_name()

a=Animal("무명이")
a=dog1
a.speak()
a=cat1
a.speak()
```

그림 13-16. 다형성이 실현된 프로그램 예

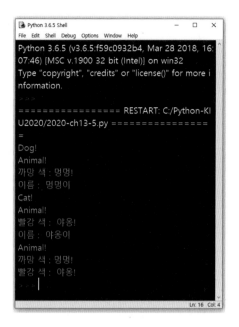

그림 13-17. 실행 결과

핵심 정리

01. 객체지향은 프로그래밍 패러다임이다. 이는 문제 영역에서 행위 중심이 되는 객체를 구분하고 객체들의 공통적인 특징과 행위를 중심으로 구성되는 클래스를 가장 큰 특징으로 한다.

02. 파이썬은 초보자가 접근하기 쉬운 언어이기는 하지만 클래스와 같은 개념을 지원한다. 따라서 객체지향 프로그래밍이 가능한 언어이다.

03. 객체지향의 3가지 특징은 캡슐화로 인한 정보은닉(information hiding)과 상속성(Inheritance) 그리고 다형성(polymorphism)이라고 할 수 있다.

04. 상속성은 자식 클래스가 부모 클래스의 특징(변수)과 멤버함수(메소드)를 물려받아 사용할 수 있는 것을 말하고, 다형성은 부모 클래스에 정의된 멤버함수의 동작이 어떤 자식 클래스의 객체가 호출하느냐에 따라 다르게 반응하는 것을 말한다.

학습 평가

01. 프로그램을 통해 해결하고자 하는 문제의 영역에서 행위의 중심이 되는 것을 객체라고 할 수 있다. 학생의 성적처리 문제에서 행위의 중심이 되는 것은 무엇일까 생각해보자.

---

02. 객체지향의 3가지 특징과 가장 거리가 먼 것은 무엇인가?

① inheritance   ② encapsulation

③ polymorphism   ④ visibility

---

03. 클래스로부터 생성되는 것으로 문제해결의 중심이 되는 것은 무엇인가?

① object   ② member

③ variable   ④ class

---

04. 컴퓨터공학과 3학년 학생의 성적을 처리하는 문제를 프로그램으로 해결하고자 한다. 객체를 구별하고 이를 클래스로 정의해보시오.

실전 문제

01. 다음 문제를 클래스를 정의하여 해결하시오.

※ 홍길동은 대구은행에 1001-01-001 계좌가 있고 잔고가 30만원이 있고, 김길동은 대구은행에 1015-02-005 계좌가 있고 잔고가 5만원이 있다.

1) 홍길동 계좌와 김길동 계좌의 특성을 추출하고 추상화하여 계좌 클래스 Account를 정의하시오. (특성: 이름, 계좌번호, 잔고)

2) Account 클래스에 입금(계좌잔고에 돈을 입금하는 동작) 오퍼레이션을 정의하시오.

3) Account 클래스에 인출(계좌잔고에서 돈을 인출하는 동작) 오퍼레이션을 정의하시오.

4) Account 클래스에 계좌정보출력(계좌보유자이름, 계좌번호, 잔고를 출력하는 동작) 오퍼레이션을 정의하시오.

5) 홍길동 계좌 객체 hong을 생성하고 초기값을 지정하시오.

6) 홍길동 계좌정보를 출력하시오.

7) 홍길동의 계좌에서 10만원을 인출하시오. 그리고 계좌정보를 출력하시오.

8) 김길동 계좌 객체 kim을 생성하고 초기값을 지정하시오.

9) 김길동의 계좌에 5만원을 예금하시오.

10) 김길동의 계좌정보를 출력하시오.

02. 다음은 강아지(Dog) 클래스를 정의한 것이다. 아래의 물음에 답하시오.

1) "메리는 검정색 강아지다."라고 출력되도록 ①에 적합한 명령을 쓰시오.

----

2) ②명령의 실행결과를 적으시오.

```
class Dog:
  name=""
  age=0
  color=""
  def getAge(self):
    print(self.name, "은(는)", self.age, "살 강아지다.")
  def printColor(self):
    (                ①                )

s=Dog()
s.name="순득이"
s.age=2
s.color="빨강"
②s.getAge()

m=Dog()
m.name="메리"
m.age=1
m.color="검정"
s.printColor()
```

3) '순득이' 객체, '메리' 객체가 추상화 되어 만들어 진 것은 무엇인가?

----

4) Dog의 속성은 몇 가지인가? (   )

14

전공주제
프로젝트 진행

【 들어가기 】

- 전공주제를 선택하여 프로젝트를 진행한다.

- 진행 절차를 학습하고 절차 별로 수행해야할 일을 알아본다.

- 실제 프로그램 개발 프로젝트를 진행해본다.

／

【 Review 】

[기초 개념]

- 객체지향 : 객체 중심의 프로그래밍 패러다임

- 클래스 : 객체지향 프로그램의 핵심

[핵심 내용]

- 객체지향의 세 가지 특징
  - 캡슐화(정보은닉)
  - 상속성 변경 불가
  - 다형성

- 클래스 구성
  - 멤버 변수: 객체의 특성을 표현
  - 멤버 함수: 객체의 행위를 표현

／

【 생각하기 】

1. **소프트웨어 프로세스(Process)**

   ☞ 소프트웨어 개발 절차

   ☞ 폭포수 모델 : 계획 – 설계 – 구현 – 테스트 – 완료(사용) –〉우리 프로젝트에 적용

2. **프로젝트 진행에서 가장 중요한 요소는?**

   ☞ 협동, 문제해결력 등

이론

【 학습목표 】

- 프로젝트 진행 절차를 이해할 수 있다.

- 프로젝트 진행 각 단계에서 해야 할 일을 알 수 있다.

1.1 주제 선택하기

앞에서 학습한 파이썬 언어에 대한 지식을 확고히 다지기 위한 프로젝트를 진행한다. 프로젝트는 주제 선택하기, 설계하기, 코딩, 디버깅, 제출(종료)와 같은 절차로 진행한다. 규모를 정하여 개인 또는 팀별로 진행할 수 있고, 2 ~ 3주에 걸쳐 프로젝트를 진행한다. 멘토(교수자 등)를 정하여 각 단계별로 확인과 점검을 거쳐서 다음 단계를 진행한다. 주제는 가능한 자신의 전공과 부합하는 것을 선택하도록 한다. 주제에서 해결하고자 하는 문제영역이 무엇인지 명확하게 정의하고, 개발 범위와 일정을 결정한다.

1.2 설계하기

주제가 선택되고 개발 범위가 정해지면 설계 단계를 진행한다. 프로그램을 통해 출력될 자료를 설계하고 프로그램에서 사용될 입력 자료도 설계한다. 설계 단계의 가장 중요한 작업은 알고리즘 개발이라고 할 수 있다. 랩터를 이용하여 문제를 해결할 알고리즘을 설계해본다. 설계한 알고리즘은 실행을 통해 논리적인 흐름을 확인하고 수정하여 개선한다. 알고리즘을 설계하면서 프로그램에서 사용할 변수를 설계하여야 하고, 자료구조가 필요한 경우 어떤 자료구조를 사용할 것인지 결정한다.

1.3 코딩

설계 작업이 끝나면 알고리즘에 따라 코드를 기술하는 코딩 작업을 진행한다. 앞에서 학습한 파이썬 언어의 문법적 지식을 최대한 활용하여 코딩한다. 파이썬 문법에 대한 조언은 본 교재, 파이썬 문서 (documentation), 기타 참고문헌을 참조할 수 있다. 코딩 작업은 가능한 앞서 설계한 랩터 알고리즘을 최대한 이용하도록 한다. 알고리즘의 각 구성요소를 파이썬 코드로 옮길 수 있도록 노력하여야 한다. 알고리즘을 설계할 때 명령의 실행 구조가 결정되어 있고, 변수의 형식이 정하여져 있으므로 코드로 변환하기가 비교적 용이하다.

1.4 디버깅

디버깅(debugging)은 프로그램의 오류를 수정해나가는 작업이다. 작성한 코드의 문법적인 오류와 논리적인 오류를 모두 점검하여 수정하도록 한다. 특히 설계 단계에서 정한 출력의 결과물과 일치하지 않을 경우에는 논리적인 오류일 가능성이 크므로 랩터에서 설계한 알고리즘을 다시 점검하도록 한다. 앞에서 실시한 과정이 모두 완벽히 이루어진 과정은 아니므로 피드백(feedback)하여 이전 과정을 다시 실시할 수 있다.

1.5 제출(종료)

디버깅 과정을 거쳐 오류가 없는 프로그램은 최종 테스트를 거쳐 프로젝트를 완료한다. 테스트를 위하여 설계 단계에서 설계한 테스트 입력 자료를 프로그램에 입력해서 결과를 살펴본다. 오류없이 실행되고 설계한 출력 결과물을 만들어내면 최종 결과물을 제출하고 프로젝트를 종료할 수 있다.

실습

【 학습목표 】

• 프로그램 개발 각 단계를 계획한 대로 수행할 수 있다.

• 전공분야 주제를 랩터로 설계하여 알고리즘을 작성하고 이를 파이썬 언어로 구현할 수 있다.

실습 1. 프로젝트 진행하기

실습하기 _ 주제 선택하기 – 학생

- 전공분야와 밀접한 관계있는 주제 선택

- 담당 교수 점검

- 주제 수정 또는 변경

- 개발 범위 및 일정 결정, 역할 결정

주제 선택 지도 – 멘토

- 전공분야와 관계성 판단

- 개인 또는 팀에게 코멘트

- 주제 수정 또는 변경

- 1주차, 12주차에 프로젝트 진행 예고

주제 선택하기, 설계하기, 코딩, 디버깅, 제출 과정을 거쳐 프로젝트를 진행한다. 각 단계별로 학생과 멘토의 역할을 파악하고 프로젝트를 진행한다.

실습하기 _ 설계하기 – 학생

- 알고리즘 작성하기

- 알고리즘 작성은 랩터를 이용하기

- 알고리즘 실행 및 오류 수정

- 필요한 변수, 자료구조 확인하기

- 담당 교수 점검

설계 지도 – 멘토

- 랩터 사용 방법 지도

- 알고리즘 오류 수정 방법 지도

- 변수, 자료구조 선정 지도

- 설계 결과물 점검

코딩 하기 – 학생

- 랩터로 설계한 알고리즘을 파이썬 언어에 맞추어 코딩함

- 앞서 학습한 파이썬 언어의 문법적 지식을 최대한 활용

- 파이썬 문서(document) 또는 참고 문헌을 참고하여 코딩

- 실행하며 문법적 오류를 수정

- 담당 교수 점검

코딩 지도 – 멘토

- 변수, 자료 구조의 구현 지도

- 문법적 오류 해결 지도

- 참고 문헌 추천

- 결과물 점검

실습하기 _ 디버깅 하기 – 학생

- 문법적 오류 점검

- 문법적 오류 수정

- 실행 후 논리적 오류 점검

- 변수, 자료구조 수정, 변경 또는 추가

- 테스트, 당초 목표결과물과 비교

- 담당 교수 점검

디버깅 지도 – 멘토

- 문법적 오류 해결 지도

- 논리적 오류 해결 지도

- 변수, 자료구조, 논리적 흐름 수정, 변경, 추가 지도

- 결과물 점검

제출하기 – 학생

- 결과물에 대한 최종 점검 (최종 목표 결과물과 일치 여부 점검)

- 담당 교수 점검

- 결과보고서 및 소스코드 제출

- 팀의 경우 결과보고서에 팀원의 역할, 기여도 명시

- 팀장이 대표로 LMS에 제출

제출 및 평가 지도 – 멘토

- 최종 결과물 점검

- 내용의 고유성, 전공분야 관련성, 프로그램의 길이, 완성도, 팀원의 협력 등을 감안하여 평가

- 학기말 평가 시 10% ~ 20% 반영

- 평가 기준 설명

- 완성도 향상 독려

핵심 정리

01. 수강생의 전공분야와 관련된 학기말 프로젝트를 진행한다. 프로젝트는 교수자의 판단에 따라 개인 또는 팀으로 진행한다.

---

02. 프로젝트의 진행 순서는 주제선택하기 – 설계하기 – 코딩 – 디버깅 – 제출 순서로 진행할 수 있다. 특히 주제선택은 수강생의 전공분야를 선택하도록 지도하며, 설계는 앞서 학습한 랩터를 활용하도록 지도한다.

---

03. 프로젝트는 14주 한 주로 계획되어 있으나 모든 과정을 한 주에 수행할 수 없으므로 1주차 오리엔테이션 시간에 프로젝트 진행에 대하여 충분히 설명하고 12주차부터 실습 시간의 일정 부분을 할애하여 프로젝트를 수행하도록 한다.

---

04. 각 단계별로 학생의 자체적인 점검에 의하여 오류가 없는 경우 담당 교수의 점검을 받도록 하고 다음 단계를 진행하도록 한다. 결과보고서에는 소스코드의 설명 실행결과 캡처 등을 포함하도록 한다.

핵심 정리

01. 우리가 선택한 주제를 프로그램으로 구현할 때 거치게 되는 소프트웨어 개발 단계를 나열해 보시오.

----

02. 프로그램의 문법적 오류를 해결하는 소프트웨어 개발 단계는 무엇인가?

  ① 코딩 단계   ② 종료 단계

  ③ 디버깅 단계   ④ 설계 단계

----

03. 팀 프로젝트를 진행할 때 고려해야할 요소와 가장 거리가 먼 것은 무엇인가?

  ① 팀원 협력   ② 개발 비용

  ③ 개발 기간   ④ 잦은 변경

----

04. 프로젝트 진행을 통해서 얻은 것은 무엇인지 말해보시오.

15

기말시험

【 들어가기 】

- 9장 ~ 14장까지의 학습 내용을 평가한다.

- 문항의 형태는 주관식, 단답식, 객관식을 혼용한다.

- 수업시간에 학습한 내용의 범위에서 출제한다.

【 Review 】

[기초 개념]

- 프로젝트: 작업의 수행 단위

- 프로그램 개발 과정: 주제선택 –
  설계하기 – 코딩 – 디버깅 – 제출
  (종료)

[핵심 내용]

- 제출할 것

  – 결과보고서 (팀원 역할, 설계 결과물, 소스코드 설명,
    실행 화면)

  – 소스 코드

  – 필요에 따라 프로그램 시연 또는 발표

- 평가 요소

  – 주제의 전공과 연관성, 내용의 고유성

  – 결과물의 완성도

  – 팀원 협력, 프로젝트 수행 과정 노력 등

【 생각하기 】

1. 기말고시에서 좋은 점수를 얻을 수 있는 방법은?

   ☞ 생각해보기

2. 후반부 수업내용 중 학습이 가장 부족했던 부분은?

   ☞ 생각해보기

핵심 내용

【 학습목표 】

· while 문을 이용하여 응용문제를 해결하는 프로그램으로 구현할 수 있다.

· for 문을 이용하여 응용문제를 해결하는 프로그램으로 구현할 수 있다.

9장 핵심	• 함수: 특정한 기능을 하는 프로그램 단위 (9장은 사용자 정의 함수) • 함수의 구성요건, 필요성 • 함수의 다양한 형태 이해와 사용법
10장 핵심	• 내장 함수: 파이썬에 내장되어 있는 라이브러리의 함수들 • 내장 라이브러리의 종류와 사용법 • math, time, datetime, statistics, webbrower 라이브러리 사용법
11장 핵심	• 파이썬의 turtle 라이브러리 사용법 • turtle 라이브러리 내 함수의 종류와 사용법 • 이동, 회전, 색상, 그리기 관련 함수 사용법
12장 핵심	• 자료구조: 자료를 저장하기 위한 구조 • 파이썬의 자료 구조: list, tuple, dictionary 등 • 각 자료구조의 사용법

13장 핵심	• 객체지향: 문제 영역의 객체 행위 중심의 프로그래밍 패러다임
	• 클래스: 객체의 공통적인 특징(특성)과 행위로 구성된 구조
	• 객체지향 개념의 3가지 특징: 캡슐화, 상속성, 다형성
14장 핵심	• 학기말 프로젝트 진행 순서: 주제선택하기 – 설계하기 – 코딩 – 디버깅 – 제출(종료)
	• 디버깅: 문법적, 논리적 오류 수정
	• 프로젝트 설계의 핵심: 효율적인 알고리즘

문제 예

【 학습목표 】

· 전반부 각 장별 주요 개념에 대한 관한 주관식 문항을 풀이할 수 있다.

· 전반부 각 장별 주요 개념에 대한 관한 객관식 문항을 풀이할 수 있다.

9장 주관식 문항 예	9장 객관식 문항 예

01. 함수의 장점 두 가지를 쓰시오.

① (　　　　　　　)

② (　　　　　　　)

01. 다음 중 함수의 필수 구성요소와 가장 거리가 먼 것은?

① 함수인자　　　　② return 값

③ 함수이름　　　　④ 연산식

10장 주관식 문항 예	10장 객관식 문항 예

01. datetime 라이브러리에 포함된 함수의 이름 두 가지를 쓰시오.

① (　　　　　　　)

② (　　　　　　　)

01. median 함수를 포함하고 있는 라이브러리의 이름은 무엇인가?

① time　　　　　　② datetime

③ math　　　　　　④ statistics

11장 주관식 문항 예	11장 객관식 문항 예

01. 터틀 그래픽에서 화살표를 이동할 때 펜을 올릴 때 사용하는 함수의 이름은 (　　　　　)이고, 펜을 내릴 때 사용하는 함수의 이름은 (　　　) 이다.

01. 터틀 라이브러리 중 중심 위치로 이동하는 함수는 무엇인가?

① forward　　　　② focus

③ center　　　　　④ home

12장 주관식 문항 예	12장 객관식 문항 예

01. list 구조와 tuple 구조의 차이점 한 가지를 쓰시오.

(   )

01. list 구조에 속한 함수가 아닌 것은 무엇인가?

① append   ② indexof

③ extend   ④ reverse

13장 주관식 문항 예	13장 객관식 문항 예

01. 다형성(polymorphism)이란 무엇인지 설명해 보시오.

(   )

01. 객체지향의 3가지 특징과 가장 거리가 먼 것은 무엇인가?

① 상속성   ② 캡슐화

③ 다형성   ④ 가시성

14장 주관식 문항 예	14장 객관식 문항 예

01. 소프트웨어 개발 단계 중 설계 단계에서 수행해야할 대표적인 일을 써보시오.

(   )

01. 프로그램의 문법적 오류를 해결하는 소프트웨어 개발 단계는 무엇인가?

① 코딩 단계   ② 종료 단계

③ 디버깅 단계   ④ 설계 단계

하일규

영남대학교 전산공학과에 입학하여 1992년에 공학사 학위를 취득하였고,

영남대학교 컴퓨터공학과 대학원에 입학하여 2003년에 공학박사 학위를 취득하였다.

1992년부터 1995년까지 증권감독원(금융감독원) 전산실에서 근무하였고,

2002년부터 2014년까지 영남대학교에서 강사와 객원교수로 재직하였으며,

2015년부터 경일대학교 컴퓨터사이언스학부 교수로 재직 중이다.

유쾌한 코딩:
파이썬으로 시작하는 프로그래밍 기초

인　　쇄 | 2021년 02월 10일 초판 2쇄
발　　행 | 2021년 02월 17일 초판 2쇄

저　　자 | 하일규, 경일대학교 교육과정혁신센터
발 행 인 | 채희만
출판기획 | 안성일
영　　업 | 한석범, 임민정
관　　리 | 이승희
편　　집 | 한혜인, 최은지
발 행 처 | **INFINITY** BOOKS

주　　소 | 경기도 고양시 일산동구 하늘마을로 158
　　　　　 대방트리플라온 C동 209호

대표전화 | 02)302-8441
팩　　스 | 02)6085-0777

도서 문의 및 A/S 지원
홈페이지 | www.infinitybooks.co.kr
이 메 일 | helloworld@infinitybooks.co.kr

I S B N | 979-11-85578-65-1
등록번호 | 제25100-2013-152호
판매정가 | 17,000원

국립중앙도서관 출판시도서목록(CIP)

이 도서의 국립중앙도서관 출판예정도서목록(CIP)은
서지정보유통지원시스템 홈페이지(http://seoji.nl.go.kr)와
국가자료종합목록 구축시스템(http://kolis-net.nl.go.kr)에서 이용하실 수 있습니다.
CIP제어번호 | CIP2020009984